Insight$_2$

DVS
EDITORA

Daniel C. Luz

$Insight_2$

Digitação: Gisleine Aparecida Daneluz
Revisão: Daniele Roldán
Design da Capa, Produção Gráfica, Diagramação e Fotolitos:
Spazio Publicidade e Propaganda

Endereço para correspondências com o autor:
Daniel C. Luz
e-mail: contato@dcluz.com.br.

Dados Internacionais de Catalogação na Publicação (CIP)
(Câmara Brasileira do Livro, SP, Brasil)

Luz, Daniel C.
Insight 2 / Daniel C. Luz. -- São Paulo :
D.C. Luz, 2002.

1. Auto-ajuda - Técnicas 2. Crônicas
brasileiras 3. Realização pessoal I. Título

02-0358 CDD-869.935

Índices para catálogo sistemático:

1. Crônicas : Século 20 : Literatura brasileira
869.935
2. Século 20 : Crônicas : Literatura brasileira
869.935

Índice

"Não há graça em apostar pouco — em aceitar uma vida que seja pior do que aquela que você é capaz de viver."

Agradecimentos

Quaisquer que sejam as falhas deste livro, apenas a mim pertencem; porém, se há valor, devo às contribuições generosas de outros.

Em primeiro lugar ao Criador por sua bondade e generosidade. Como aprendi com os meus pais.

De coração, meu singular gesto de gratidão à Gisleine A. Daneluz pelo paciente trabalho de digitação e, com muito carinho, à Ana Paula, que em todas as fases, da pesquisa à escrita, com seu incansável estímulo e apoio, concedeu valiosos comentários que acrescentaram muito a este livro.

A vocês o meu muitíssimo obrigado.

Ao amigo que mais admiro, um amigo cujo contato me aqueceu, um mentor cuja sabedoria me guiou, um incentivador cujas palavras me alcançaram, um líder que me apraz seguir...

Poucas foram as pessoas que marcaram tão indelevelmente a minha vida. Não posso expressar outra coisa além de minha eterna gratidão ao meu amigo e pai, Francisco Luz.

Aos meus filhos tão queridos, Filippe e Henrique. Apenas, permitam-me lhes dizer que quaisquer que sejam as circunstâncias, estejamos juntos ou separados, nos vejamos com muita freqüência ou nos encontremos raramente, falemos muito ou falemos pouco, eu os amo com o fundo da alma e do coração.

Lembrem-se que quaisquer que sejam as circunstâncias, eu vou amá-los sempre.

Março, 2002
Daniel C. *Luz*

Prefácio

Nesta nova era, a riqueza é produto de conhecimento e deve-se entender o conhecimento como aprendizado adquirido por herança genética, estudo e experiências vividas.

Portanto, a riqueza deste novo tempo é o seu conteúdo pessoal, composto por informações, habilidades, aptidões, dons e capacidades particulares a você e adquiridos por meio de suas experiências e heranças dos seus antepassados.

Este conteúdo, resultado do seu conhecimento vivido e herdado, é a matéria-prima básica e também o produto mais importante da nova economia.

Se antes a terra e depois o capital eram fatores decisivos da produção, hoje o fator decisivo é, cada vez mais, o ser humano em si.

Desta forma, uma economia como a nova economia, baseada no conhecimento e na informação, tem recursos ilimitados, enquanto uma economia baseada em matéria-prima, extraída de recursos naturais, terá de se precaver e se limitar para evitar a escassez.

Esta nova economia tem tudo a ver com comunicação e relacionamentos.

Nela, a comunicação é o alicerce da sociedade, da nossa cultura, da nossa humanidade, da nossa própria identidade e de todos os sistemas econômicos.

Nesta época de intensos relacionamentos as pessoas desejam receber serviços ou adquirir produtos que lhes agreguem muito valor.

Para que isso aconteça é preciso que a ênfase na educação das pessoas seja dirigida para a criatividade, a individualidade, estética, ética, emotividade, qualidade de vida, cultura, responsabilidade social e muita vontade de inovar e participar.

Neste livro, o autor Daniel de Carvalho Luz , de fato, consegue compartilhar com o leitor(a) vários *insights* (discernimentos ou reflexões) exatamente com este propósito.

Porém, fica claro no seu livro que o intuito maior é seguramente o de libertar cada um de suas dores, causadas muitas vezes por nós mesmos ou então por outros.

Na realidade, quem estiver lendo (ou ouvindo) todas as narrativas deste livro achará que entrou num verdadeiro "projeto felicidade".

Todas as pessoas neste mundo querem ser felizes!!! O desejo de felicidade é o anseio universal de toda a humanidade. Creio que todos concordam com isso. Porém, ainda assim, todas sofrem de uma maneira ou outra e morrem. Esse fato fundamental da existência corresponde às duas motivações básicas da vida: o desejo de felicidade e a vontade de evitar o sofrimento e a morte.

Esses são os critérios pelos quais avaliamos nossos dias e a nossa vida.

O mundo é bom quando estamos felizes e sentimo-nos otimistas quanto às possibilidades de uma felicidade futura.

O mundo é feio e árido quando estamos infelizes ou perdemos a esperança de sermos felizes amanhã.

O autor Daniel de Carvalho Luz evidencia claramente nesse livro o que ele acha que vai trazer a infelicidade, o sofrimento ou a morte.

Faz isto de uma maneira muito elegante destacando, inclusive, vários exemplos de pessoas que tiveram uma vida cheia de realizações e puderam assim construir a sua felicidade e a dos outros.

Mas seguramente o objetivo maior que o autor consegue com as reflexões apresentadas é que elas chegam bem no fundo da alma do leitor(a) tendo a possibilidade de transformar a sua vida.

Percebe-se a clara intuição em cada *insight* de cultivar um relacionamento com a alma através da compreensão, do zelo, da atenção ao próximo e do amor a todos os seres humanos.

Alimentar nosso relacionamento com a alma não é um assunto para ser simplesmente lido e esquecido, ou analisado apenas quando nos for conveniente.

Alimentar a alma é uma viagem para a vida inteira, uma viagem trilhada dia-a-dia, o foco mais importante de nossas vidas.

A alma é como qualquer outro aspecto de nós mesmos: quanto mais entramos em contato com ela e quanto mais a usamos, ou até mesmo a desafiamos, mais forte e acessível ela se torna.

É por isso que cada um deve procurar fazer todo dia coisas que lhes toquem a alma, desde as mais tolas até as mais profundas.

A qualidade de nossa experiência terrena pode ser medida pelo grau em que ela nos toca a alma.

É momento de seguir o conselho do escritor, poeta, cineasta e guia de viagens de aventura Phil Consineau: "Num mundo que se move em hipervelocidade, onde tantos de nós vivem tensos por causa da rapidez das mudanças, o movimento em direção à alma é o movimento de contemplação da origem das coisas que têm profundas raízes na eternidade, das coisas que sempre são."

Realmente a qualidade sagrada de termos a alma tocada, de estarmos em conexão com a alma, traz sentido e plenitude às nossas vidas.

Muitas vezes, os prefácios dos livros buscam render homenagens ao autor, o que, para os leitores, às vezes soam como bajulação.

Efetivamente, esta não foi a intenção e sim a de qualificar o trabalho de Daniel de Carvalho Luz de uma forma verdadeira. Porém, se toda verdade é relativa, pode ser que alguns leitores achem que a bajulação é apenas uma outra forma de manipulá-la.

Convém aí salientar que num moderno estudo do aliciamento, como os sociólogos chamam a bajulação, o cientista social Edward Jones explica a regra de ouro da categoria: "Nós influenciamos os outros para que eles nos dêem as coisas que nós queremos mais do que eles, dando-lhes, por nossa vez, as coisas que eles querem mais do que nós."

Já com bajulação, ambos os lados têm interesse em fazer com que o jogo ilusório pareça verossímil.

Ambas as partes têm algo a ganhar se cooperarem com a mentira.

Segundo a *Teoria dos Jogos*, a troca de elogios (eu o elogio e você diz obrigado) é o contrário de um jogo onde necessariamente há o lado vencedor e o lado perdedor (porque ninguém sai perdendo) e também o contrário de um sistema de informação perfeita (porque ninguém sabe ao certo o que está acontecendo).

É uma transação da qual ambas as partes extraem alguma vantagem.

Provavelmente todos concordamos com o fato de que fazer um elogio quando o elogio é merecido é indiscutivelmente uma coisa boa. A dúvida é a seguinte: qual seria o problema de fazer um elogio quando ele não é merecido?

Em outras palavras, a bajulação tem algum custo moral?

Talvez o problema de fazer um elogio não merecido seja o de minar a capacidade de autocrítica das pessoas, deixando-as despreparadas para receber críticas de qualquer espécie.

É comum ver isso entre os políticos e os astros de cinema.

Embora eles não desconfiem das segundas intenções da bajulação, costumam ter essa desconfiança em relação às críticas. E pessoas sem a capacidade de criticar a si mesmas costumam cometer sempre os mesmos erros, recusando-se depois a assumir a responsabilidade por eles.

Francis Bacon, ao fazer sua distinção entre a bajulação maliciosa e a benigna, observa que "alguns elogios nascem do nosso bem-querer e respeito".

Ensinar pelo elogio (aliás é o que busca em parte esse livro...) é um dos pilares da civilização; nós ensinamos os valores em que acreditamos pelo estímulo desses mesmos valores junto a nossa mocidade, e a nós mesmos.

Os elogios efetivamente deixam as pessoas melhores e mais inteligentes.

Posso afirmar que todo aquele que ler este livro com atenção fará, no mínimo, uma atitude elegível.

Além de terem descoberto a democracia, os gregos também tinham sérias reservas quanto à demagogia, ou seja, a bajulação do povo.

Porém, não acredito que corro este perigo ao elogiar esse trabalho de Daniel de Carvalho Luz dizendo que ele é muito bom.

É, sem dúvida, uma coletânea inteligente e dá ao(a) leitor(a) a oportunidade de refletir, partilhar e crescer diariamente.

Dá para notar que o autor criou este livro não em um esforço de propor qualquer ponto de vista em particular, mas para cultivar uma maior compreensão e valorização das possibilidades que estão abertas para todos nós, e para oferecer um presente para todos os seres humanos, esperando que o mesmo possa influenciar de maneira significativa a vida de cada um deles.

Victor Mirshawka
Diretor Cultural da FAAP

Introdução (Ninguém Presta Atenção)

Outro dia, fiz uma coisa que jamais fizera antes: prestei atenção ao que as comissárias diziam antes do avião decolar. Geralmente, nem ligo para o que elas falam; meus olhos e ouvidos estão atentos num livro ou no jornal. Mas um avião caíra no dia anterior e as notícias da TV levaram-me a ficar mais atento às observações da tripulação. Se o avião em que estava tivesse algum problema, saberia como sair vivo dali.

Por isso, ouvi atentamente. Ela ensinou a amarrar o cinto de segurança. Prendi o meu. Falou das máscaras de oxigênio em caso de despressurização do avião. Olhei para ver onde elas estavam. Apontou para as portas de emergência e meus olhos seguiram suas instruções. Foi então que notei o que acontecia em todos os vôos: ninguém ouvia o que ela dizia! Fiquei chocado, pensei até em me levantar e dizer bem alto: "Ei turma! Que tal ouvir o que a aeromoça diz? Se este avião incendiar, vamos morrer queimados. O que esta moça está dizendo pode salvar nossas vidas!".

E se ela usasse de meios mais drásticos para exemplificar o que queria dizer? Se embebesse uma camisa na gasolina e ateasse fogo? E se a tela de projeção mostrasse aviões caindo, pegando fogo com os passageiros correndo como tochas humanas? E se caminhasse pelo corredor do avião, gritando e apontando para as notícias dos jornais, exigindo que todos a ouvissem se quisessem sair vivos daquele inferno ambulante?

Por certo, perderia o emprego. Mas creio que todos prestariam atenção no que ela queria dizer. Estaria fazendo um favor aos passageiros.

Semelhante às instruções das comissárias são as introduções de livros. Ninguém as lê, ninguém presta atenção, mas se você chegou até aqui, prometo não ser enfadonho.

Este livro é uma reunião de textos que organizei. Ele traz os problemas, as experiências, as descobertas etc., de pessoas como eu e você, que procuram se tornar pessoas melhores, procuram estar preparadas para encarar alguns conflitos existenciais.

Antes que você mergulhe fundo na leitura deste livro, gostaria de desafiá-lo a dedicar esta leitura a alguém que ama. Pode ser sua(seu) namorada(o), esposa(o), amiga(o). Diga a esta pessoa que está lendo este livro por causa dela e que irá fazê-lo com toda a dedicação, para mostrar-lhe o seu amor. Diga-lhe que a ama muito e demonstre isso praticando o que aprender nas páginas desse livro.

Meu mais profundo desejo é que este livro seja um instrumento eficaz para estimulá-lo, desafiá-lo e motivá-lo em sua caminhada, tornando-o uma pessoa melhor. Bem-vindo a bordo. Boa leitura!

Daniel C. Luz

"Acredito que o ser humano foi preconcebido para o êxito, para a realização. Dotado de capacidade e de possibilidade de realizar."

Autor não identificado

UM NINGUÉM QUE NINGUÉM NOTOU

"Você veio a este mundo não porque assim escolheu – mas porque o mundo precisou de você."

Epictetus (55-135 d.C.)
Filósofo grego

O ano de 1809 foi um ano bom. Como é natural, os que estavam vivos na época não sabiam disso. Só a história conta este episódio. O mundo todo da época tinha os olhos fixos em Napoleão Bonaparte, que marchava através da Áustria, assim como um incêndio devasta um campo de trigo. Enquanto povoados, vilas e cidades caíam em suas garras, as pessoas começavam a se perguntar se o mundo inteiro seria conquistado por ele.

Durante esse mesmo período de tempo, milhares de crianças nasceram na Bretanha, na América e no Brasil.

Mas, quem se preocupava com bebês, mamadeiras e berços, enquanto Napoleão devastava a Áustria?

Alguém, porém, deve ter se preocupado, porque em 1809, Willian Gladstone nasceu em Liverpool, Alfred Tennyson começou sua vida em Lincolnshire, Oliver Wendell Holmes deu seu primeiro berro em Cambridge, Massachusetts. A poucos quilômetros de distância, em Boston, Edgar Allan Poe começou sua breve e trágica existência nesta terra. No mesmo ano, Charles Robert Darwin usava a sua primeira fralda. E numa pequena cabana de madeira, no condado de Hardin, em Kentucky, um trabalhador analfabeto e sua mulher deram ao filho recém-nascido o nome de Abraham Lincoln.

Aqui no Brasil, brincando nas ruas de Vila do Porto da Estrela, o garoto Luis

Alves de Lima e Silva, alguns anos mais tarde, seria reconhecido como o Duque de Caxias.

A vida desses estadistas, escritores e pensadores anunciaria a gênese de uma nova era. Mas ninguém se preocupava com esses desconhecidos enquanto Napoleão marchava sobre a Áustria. É estranho que, hoje, só os aficionados por história poderiam citar uma única batalha travada por Napoleão na Áustria. Mas não existe pessoa alguma que não tenha sido tocada, de alguma forma, pela vida desses homens que acabei de citar. "Ninguéns" que ninguém notou.

Muitas pessoas estão sendo desprezadas porque os outros não vêem o que há dentro delas. Minha missão é fazer você ver o que há dentro de você: não há um ninguém, há uma riqueza dentro de você! Tal qual um escultor, vejo você de uma maneira diferente! Dizem que Michelangelo costumava andar ao redor de um bloco de mármore por dias. Apenas caminhava ao seu redor e falava sozinho. Primeiro, ele via as coisas na pedra, depois, ele as retirava dela.

Nunca deixe que alguém o despreze. Você não é um ninguém! Você é uma pessoa de grande valor.

Você pode passar toda a sua vida competindo com outros, tentando provar que é alguém e continuar sentindo-se alguém sem importância. Liberte-se disso hoje! Você não precisa viver com esse problema nunca mais. Pare de tentar ser alguém porque você já é alguém.

Vamos voltar ao início. Você acaba de nascer e estamos contemplando este novo bebê. Você é doce, inocente e adorável.

Sua vinda à Terra foi planejada. Você é uma pessoa planejada. O grande Planejador colocou você aqui. Mais ainda: para colocá-lo aqui, chances contrárias a você, na proporção de bilhões contra uma, tiveram que ser vencidas. Superar tais possibilidades equivale a realizar um milagre. Você se equipara aos maiores milagres de todos os tempos. Isso não é um gracejo, nem um elogio. É a simples verdade.

Os fatos a respeito desse milagre são conhecidos por todos os médicos. Quando as pessoas refletirem sobre esses fatos, elas olharão para um recém-nascido com enorme interesse e respeito. Quando alguém é escolhido entre bilhões de outros, isso causa admiração. No entanto, foi isso que aconteceu a você. E, se isso não tivesse acontecido, você jamais teria nascido.

Quando você foi concebido, aproximadamente 250 milhões de espermatozóides entraram no útero de sua mãe. Somente uma dessas células tinha o seu nome. As outras 249.999.999, não tinham. As chances desta célula, em particular, vingar, eram menores que uma em 250 milhões. A célula com o seu nome uniu-se com uma certa célula (uma em 10 mil ou mais), na trompa de sua mãe e isso resultou em você. Duas outras células poderiam ter se unido e assim uma criança teria nascido, mas não teria sido você, do mesmo modo que os seus irmãos e irmãs não são você.

Você tinha de nascer naquela época, em particular, para ser o que você é. Quaisquer outras duas células unidas teriam produzido uma pessoa diferente, com uma personalidade diferente. Portanto, o seu nome teria desaparecido! Foi o que aconteceu com as outras células de vida. Mas não, aconteceu com você.

Você nasceu. Estava destinado a chegar no momento e no lugar exato em que isso aconteceu, por quem gerou você. O seu Criador eliminou as bilhões de chances contrárias para que você pudesse nascer. Por quê?

Você veio a este mundo não porque assim escolheu – mas porque o mundo precisou de você. Você está aqui para um propósito. Não existe uma única duplicata sua em todo este vasto mundo. Nunca houve. Nunca haverá. Você foi trazido aqui, agora, para atender a uma necessidade.

Pense nisso, você é alguém muito precioso no plano do Criador.

***Sugestão para leitura*:**

ARAÚJO, Gervásio. *Viver vale a pena*! São Paulo: Gente, 1997.

"Você é alguém porque Deus nunca desperdiça o seu tempo para fazer um ninguém."

Mary Cowley

1 Faixa 02

ALTO LÁ! QUEM ESTÁ AÍ?

"Quem conhece os outros é um erudito; quem se conhece, é um sábio."

Lao-Tsé
Filósofo chinês

Com uma voz penetrante, o guarda gritou:

– Alto lá! Quem está aí?

O prisioneiro, surpreendido, respondeu:

– Sou eu!

– E quem é você? Insistiu o guarda.

Perplexo, o homem falou como se considerasse um condenado:

– Sou só eu... José da Silva.

Com voz firme, o guarda replicou:

– O seu nome nada me diz. Ordeno-lhe que me diga quem é!

O prisioneiro pensou um momento e respondeu tristemente:

– Realmente não sei.

– Volte ao lugar de onde veio, disse o guarda, você não pode entrar no mundo livre.

O prisioneiro inclinou a cabeça, deixou cair os ombros, amoleceu o corpo, deu meia volta e se foi.

Gosto muito de perguntar às pessoas: "Quem é você?" Parece ser uma pergunta simples que requer uma resposta simples, mas na realidade não é. Por exemplo, se alguém me perguntasse:

– Quem é você?

Eu poderia responder:

– Daniel Luz.

– Não, esse é o seu nome. Quem é você?

– Ah, sou professor.

– Não, isso é o que você faz.

– Sou brasileiro.

– Isso indica sua nacionalidade.

– Sou cristão.

– Essa é a sua religião.

Também poderia responder que tenho um metro e sessenta e oito de altura, peso um pouco mais de 60 quilos. Mas minhas dimensões físicas e minha aparência, tampouco são quem eu sou. Se as minhas pernas e os meus braços fossem amputados, eu continuaria sendo eu? Se me submetesse a um transplante de coração, de rins ou de fígado, continuaria sendo eu? Claro que sim.

Você foi planejado para ser distinto, especial, insubstituível e único. Estou convencido de que nosso Criador nunca tencionou que fossemos "normais" – isto é, ficar perdidos na multidão da norma. Isto pode ser constatado pelo fato de que dentre os 5,8 bilhões de pessoas neste planeta, não há só dois indivíduos que sejam iguais: suas impressões digitais, seu código genético e suas combinações de cromossomos são todos distintos e únicos. Na verdade, Deus criou todas as pessoas para serem originais, mas nós insistimos em ser cópias dos outros. Muitas vezes, estamos tão preocupados em tentarmos nos ajustar, que nunca nos destacamos.

Recuse ser "normal", cópia. Avance além da média! Não se esforce para ser aceito, mas lute para ser você mesmo. Evite o mínimo; persiga o máximo.

Quantas pessoas passam pela vida anonimamente, sem saber nem o quê, nem quem são?

Milhões! São as que nunca se questionaram a respeito... E, as poucas que o fazem, raramente encontraram resposta satisfatória.

Por toda parte, você vê pessoas com medo da vida, temerosas de subir mais alto em busca do triunfo. São pessoas que não têm confiança em si mesmas e que perderam a fé na sua capacidade. Algumas delas nem sequer se dão conta do fato de terem potencial para fazer algo mais. Sendo assim, permanecem fundidas na massa, conformando-se com menos do que poderiam ser. Quando isso acontece, seu fracasso fica assegurado. Ficam taciturnas, auto-compadecentes, e culpam os outros pelo que está acontecendo. Lamentar-se do passado e temer o futuro chega a constituir a sua forma de vida.

Este é o momento para você se analisar objetivamente. Se você mesmo não se ajuda a sair do marasmo em que se encontra, quem o ajudará? Esqueça do que você é e pense no que você pode vir a ser no futuro. O futuro é seu e está disposto a lhe pagar o que deve, contanto que você saiba como cobrar o débito. Você tem de se convencer que o sucesso, o triunfo, está em você.

E as portas se abriram... A voz do guarda era penetrante e, fazendo uso de uma autoridade pouco corrente, gritou:

– Alto lá! Quem está aí ?

Refletindo plena confiança, o prisioneiro respondeu:

Eu!

O guarda elevou ainda mais o tom de sua voz:

– O seu nome nada me diz. Quem é você?

Com serenidade não isenta de confiança, o sujeito respondeu:

– Sou um ser humano, um indivíduo, uma pessoa com vontade própria e talentos especiais. Você não pode impedir de me liberar porque eu sou eu e quero o que me espera mais adiante.

O guarda se afastou e as portas se abriram.

Sugestão para leitura:

MONROE, Myles. *Maximizando o seu potencial.* Brasília: Koinonia, 1996.

OSBORN, T.L. *Você é o melhor de Deus.* Rio de Janeiro: Graça editorial, 1992.

"Você é muito mais que 208 ossos; 500 músculos, 7.000 nervos e alguns quilos de pele. Você é muito bom!"

Daniel C. Luz

1
Faixa 03

VOCÊ TEM VALOR

"Você veio a este mundo repleto de valor."

Robert Spain
Bispo da igreja metodista em Kentucky - EUA

Quando Deus nos criou, viu que isso era "muito bom". Você é a coisa mais interessante que Deus já criou. Você tem mais potencial do que qualquer outra criatura que Deus tenha feito. Para alguns, você é um cliente, um freguês, um pagador de impostos, um estudante, um pai ou uma criança. Para Deus, você é um exemplo magnífico de sua melhor criação.

Isso não significa que você seja um produto completo e acabado. No jargão industrial, você pode ser definido "em estágio de desenvolvimento". Você pode não ter atingido o seu potencial ou realizado as suas possibilidades, mas isso não diminui o seu valor. Durante toda sua vida, você terá um valor inerente como pessoa.

Na vida fazemos muitos julgamentos. Fazemos julgamentos sobre o que vestir, o que comer, aonde ir, que carreiras seguir e quem escolher para amigos, mas nenhum julgamento é tão importante como o que fazemos sobre nós mesmos. Este único julgamento influencia tudo o que fazemos, afetando as nossas atitudes quanto à vida. Este julgamento se torna o catalisador que inicia e enriquece nossos relacionamentos. O relacionamento que temos com nós mesmos é o mais importante que teremos. Dale Carnegie resumiu tudo dizendo que as melhores coisas da vida vêm para aqueles que apreciam a si mesmos.

Algumas pessoas têm dificuldade em acreditar que sucesso, ou grandeza ou valor, podem acontecer nas suas vidas, ou nas vidas daquelas ao seu redor. Isso acontece com os outros, em lugares distantes. Conta-se uma história sobre Santos Dumont, que em 1897, realizou a sua primeira ascensão num balão, em Paris. Quando a sua cidade natal, Palmira, em Minas Gerais, ficou sabendo do acontecido, o editor do jornal local não conseguia acreditar na façanha do ilustre conterrâneo. Ele disse que se alguém, um dia, conseguisse voar, não seria ninguém de Palmira.

Grandeza e sucesso emergem de pessoas que começam a aceitar a si mesmas e as habilidades que lhes foram dadas por Deus. Você não pode fazer tudo, mas Edward Everett Hale lembra que você pode fazer algo:

"Eu sou apenas um,

Mas ainda sou um.

Não posso fazer tudo,

Mas ainda posso fazer algo;

E porque não posso fazer tudo

Não recusarei fazer algo

Que posso fazer.".

Você é alguém especial. Aceite isso. Celebre isso. Esse é o início de uma vida de sucesso.

Sugestão para leitura:

ZIGLAR, Zig. *Razões para sorrir.* Rio de Janeiro: Record, 2000.

"Quando você muda o seu modo de pensar,
mudam as suas crenças;
Quando você muda as suas crenças,
mudam as suas expectativas, muda a sua atitude;
Quando você muda a sua atitude,
muda o seu comportamento;
Quando você muda o seu comportamento,
muda o seu desempenho;
Quando você muda o seu desempenho,
VOCÊ MUDA A SUA VIDA."

Autor não identificado

PERMANEÇA VIVO ENQUANTO VOCÊ VIVER

"Viva a sua vida e esqueça a sua idade."

Frank Bering

Uma piada conhecida começa assim: alguns sacerdotes estavam discutindo a questão de quando começa a vida.

– A vida começa, disse o padre católico, no momento da concepção.

– Não, não padre, disse o pastor presbiteriano, a vida começa na hora do nascimento.

Ambos então voltaram-se para o envelhecido rabino judeu.

– A vida começa, disse o rabino acariciando vagarosamente a sua barba, quando as crianças vão embora de casa e o cachorro morre.

É muito comum ouvir dizer que a vida começa aos 40, mas eu não vou nem discutir este ponto. Outra coisa que se diz muito é que a vida termina quando alguém se aposenta. Então os anos de vida que se têm são muito poucos. A vida, vida mesmo, pode começar quando você quiser que comece, e pode continuar por muito, muito tempo – apesar da idade. O importante não é propriamente viver, mas sim, permanecer vivo enquanto você viver!

A escada rolante é um excelente lugar para você aprender uma ótima lição sobre "viver".

Aposto que, como eu, você já viu gente que, sabe-se lá porquê, "diverte-se" tentando subir pela escada que desce, ou querendo descer pela escada que sobe. O "divertimento", nestes casos, consiste em correr como doido, suar em bicas, molhar a camisa na escada que sobe, para, no final da brincadeira, continuar plantado no mesmo lugar. Na escada que desce, o fenômeno é outro: o sujeito tem de fazer das tripas coração, segurar-se como pode, equilibrar-se no fio de arame, viver como se estivesse à beira de um precipício para não despencar no fundo do poço da escada que desce, ou seja, para continuar plantado no mesmo lugar.

Tanto tempo, esforço, suor, para nada! "Estar ativo" não significa, necessariamente, estar "em movimento". De que adianta movimentar-se tanto e não sair do mesmo lugar? De que adianta viver sem estar vivo?

Sempre que você ficar em dúvida sobre se está ou não andando realmente para onde quer ir, pare um momento e pergunte a você mesmo: "será que não estou insistindo em descer pela escada de subir?" Ou, ao contrário, conforme a circunstância: "será que eu não estou insistindo em subir pela escada de descer?".

Em qualquer caso, o que interessa é descobrir se você está ou não empregando corretamente sua energia e, principalmente, se a está empregando para andar na direção em que deseja andar. Em outras palavras: "Você está sabendo usar corretamente a escada... ou é a escada que está encarregada de decidir?". Não se esqueça de que na hipótese de você achar que está sendo muito "esperto" ao se livrar da responsabilidade de decidir sobre sua vida, quando a escada é quem decide, o risco é muito grande: você pode estar suando a camisa e se esfalfando para acabar... plantado no mesmo lugar.

Você veio a este mundo repleto de valores. Um propósito, um objetivo, um sonho – estes são os ingredientes para permanecer vivo. Você é uma pessoa de valor; existe uma razão para a sua vida. Alimente este propósito todos os dias. Isso irá mantê-lo vivo enquanto você viver.

Sugestão para leitura:

SPAIN, Robert. *Como permanecer vivo enquanto você viver.* São Paulo: Exodus, 1997.

"O limite do homem é o limite de seus sonhos."

John F. Kennedy (1917-1963)
Presidente americano

O QUE ESTÁ DENTRO DE VOCÊ LHE FARÁ SUBIR

"O que está dentro de você lhe fará subir."

Vendedor de balões

Há algum tempo, um vendedor de balões infláveis vendia seu produto em uma movimentada praça. Quando as vendas diminuíam, soltava um desses balões.

Ao flutuar no ar, despertava a curiosidade das pessoas e reaquecia as vendas por alguns minutos. Alternava as cores. Primeiro soltava um branco, logo um vermelho e depois um amarelo.

Passado algum tempo, um menino negro puxou a manga de seu paletó, olhou nos olhos do vendedor e fez uma pergunta penetrante:

– Senhor, se soltasse uma bexiga preta ela subiria?

O vendedor de balões olhou nos olhos do pequeno e com compaixão, sabedoria e compreensão disse:

– Filho, o que os faz subir é o que está dentro deles.

Efetivamente, o vendedor de balões tinha razão. Também "tenho razão" quando afirmo que O QUE ESTÁ DENTRO DE VOCÊ LHE FARÁ SUBIR.

Há muitos anos, nasceu um menino na Rússia considerado tão feio a ponto dele ter certeza de que jamais seria feliz. Ele lamentava o fato de ter um nariz muito largo, lábios grossos, olhos pequenos e cinzentos, mãos e pés grandes demais. Sentindo-se muito infeliz por se considerar feio, ele pediu a Deus que realizasse um milagre e o tornasse um belo rapaz. Prometeu a Deus que se fizesse isso, ele lhe entregaria tudo o que possuía e o que viesse a possuir.

Aquele mesmo russo era o Conde Tolstoi, um dos autores mais famosos do mundo no começo do Século XX. Talvez mais conhecido por seu épico *Guerra e Paz*. Em um de seus livros, Tolstoi admite que ao longo dos anos descobriu que a beleza física que um dia ele tanto buscou não era a única beleza na vida.

Na verdade, não era a mais importante. Tolstoi chegou a considerar a beleza de um caráter forte como o bem maior.

Lembre-se. É o que está dentro...!

***Sugestão para leitura*:**

BREMER, Sidnei N. *Querer é poder*.
Rio de Janeiro: Record, 1996.

"No momento em que um questionamento vier à sua mente, imagine-se pegando essa dúvida firmemente nas mãos e jogando-a fora. Nesse momento, sua escolha foi feita. Assim, você aprendeu a fazer o que é certo. Aprendeu a tornar-se aquele que decide, em vez daquele que vacila."

H. Van Anderson

1

Faixa 05

AS TRÊS LUZES DA BAÍA

"Todos os bons pensamentos contribuem para o resultado final da sua vida."

Grenville Kleiser

Você é uma pessoa única. É especial e maravilhosa. É diferente de qualquer outro ser vivo deste planeta. Possui habilidades, capacidades e poderes que nunca soube existirem. Possui um grande potencial que, até agora, nunca foi explorado. Tem a habilidade, a capacidade e o poder de fazer o que quiser, de ser a pessoa que sempre sonhou ser, de transformar a sua vida de uma existência monótona e rotineira (a que você pode ter agora) no grandioso projeto que lhe foi legado ao nascer.

Por que faço estas afirmações aparentemente estranhas? Porque elas são "verdadeiras", ou seja, passíveis de se tornarem realidades. E por que são verdadeiras? Porque você possui três poderes. Três forças ou capacidades – forças que talvez tenham ficado adormecidas ou tenham sido raramente usadas até agora. Quais são essas forças que podem transformar a sua vida do que ela é agora no que foi destinada a ser desde o momento de sua concepção?

Em primeiro lugar, você tem a capacidade de pensar. Tudo se origina no pensamento ou em uma idéia na mente. Sem exceção, tudo foi um pensamento ou uma idéia na mente de alguém antes de se manifestar.

Em segundo lugar, você tem a capacidade de escolher – a sua escolha pessoal – escolha que apenas você pode controlar. A escolha é um ato de vontade que, quando exercitado, conduz a uma decisão, o poder final.

Em terceiro lugar – você tem a capacidade de decidir – a sua decisão pessoal – decisão que apenas você pode controlar. A decisão é o produto final, o efeito final da escolha.

Você não só foi dotado de três grandiosas capacidades, mas, acima de tudo, lhe foi concedido total e completo controle. Você, e apenas você, exerce um controle pessoal sobre esses poderes que existem dentro de você. Ao utilizá-los corretamente, alinhados, terá completo controle sobre a sua vida e sobre tudo o que nela acontece.

Vamos refletir!

Antes do advento da navegação eletrônica, havia na Itália uma baía que só podia ser alcançada navegando-se por um estreito canal entre rochas e bancos de areia perigosos. Muitos navios ali afundaram ao longo dos anos, pois a navegação naquele ponto era extremamente arriscada.

Para que os navios pudessem chegar ao porto com segurança, foram instaladas três luzes em três enormes postes na baía. Quando as três estavam perfeitamente alinhadas e eram vistas como se fossem uma só, a embarcação podia seguramente virar na direção do estreito canal para iniciar a subida. Se o piloto visse duas ou três luzes separadamente, ele sabia que estava fora do curso e corria perigo. Ele precisava continuar manobrando o barco até que as luzes fossem vistas perfeitamente alinhadas, para que pudesse então, com segurança, entrar na baía.

Para que possamos também navegar com segurança no barco da vida, o criador nos concedeu três faróis. Aqui também se aplicam as mesmas regras de navegação. As três luzes precisam estar perfeitamente alinhadas, como se fossem uma só, para que o navegante possa proceder com segurança à subida do canal.

Alinhe as luzes: seus pensamentos, suas escolhas e decisões. Você é quem é e está onde está por causa dos pensamentos, das escolhas e das decisões de uma vida toda. Pense nisso por um momento. Você é responsável pela sua situação e condição atuais porque você tinha o comando dos pensamentos, das escolhas e das decisões que o conduziram a elas.

Se o choque é iminente não abandone o barco, você está no comando. Simplesmente manobre e alinhe-se com as três luzes da baía e aporte com segurança.

Sugestão para leitura:

POTTER, Alice. O *poder do pensamento positivo no trabalho*. São Paulo: Cultrix, 2001.

"Porque, assim como imagina em sua alma, assim ele é."

Provérbios, 23.7

COMO ANDA A SUA AUTO-IMAGEM?

"A maior revolução de nossos tempos é a descoberta de que ao mudar as atitudes internas de suas mentes, os seres humanos podem mudar os aspectos externos de suas vidas."

Willian James (1842-1910)
Psicólogo e filósofo americano

Você já mostrou a alguém as fotografias que leva em sua carteira? Claro que sim. Talvez você tenha ficado interiormente satisfeito com a impressão causada por uma fotografia de alguém especial para você. Quem sabe você tenha mostrado uma fotografia encantadora de seus pais, ou, se você é mais velho e casado, tenha sorrido orgulhosamente diante das exclamações de seu amigo ao ver seus lindos filhos. Mas, quando algum amigo pede para ver a fotografia de sua carteira de identidade, aí é diferente! Esse tipo de foto não se mostra a ninguém, a não ser ao caixa do banco! Você não se acha parecido com ela!

Cada um de nós traz consigo um outro retrato de si mesmo, a fotografia mais importante do que qualquer outra em nossa carteira. Os psicólogos têm um nome para ela. Eles chamam o nosso retrato mental de auto-imagem.

A importância da auto-imagem é muito bem ilustrada em *Rapunzel*, conto de fadas em que uma jovem é aprisionada numa torre por uma velha feiticeira. A moça é lindíssima, mas a feiticeira está sempre lhe dizendo que é feia, o que, naturalmente, é uma estratégia para manter Rapunzel na torre. O momento da libertação da jovem ocorre num dia em que ela está na janela. Ao pé da torre, encontra o seu príncipe encantado. Ela joga suas longas e belas tranças pela janela, e ele faz uma escada com elas, pela qual sobe para salvá-la. A verdadeira prisão da

Rapunzel não é a torre. Ela está aprisionada pelo medo de sua feiúra, que a feiticeira descreveu vividamente tantas vezes.

Alguns podem gostar de suas fotografias da carteira de identidade. Outros podem gostar de seus auto-retratos. Muitos de nós, entretanto, ficaríamos embaraçados se nosso coração se abrisse como uma carteira e alguém, acidentalmente, visse o que pensamos de nós mesmos. Além disso, há sempre aquela pessoa cuja auto-imagem não é muito nítida, como uma fotografia que está guardada há muito tempo.

Não preciso comentar sobre mulheres bonitas e homens de boa aparência que são vistos em grandes cartazes e que chamam mais atenção do que os menos atraentes, de acordo com o padrão de beleza de cada cultura. Do mesmo modo, uma pessoa com uma auto-imagem saudável e positiva tende a sair na frente na corrida da vida. Quer gostemos ou não, nosso auto-retrato, aquela auto-imagem, exerce uma grande influência em nosso bem-estar emocional.

Melhore sua auto-imagem, estou aqui para lhe dizer que seu auto-retrato não está para sempre fixado em um lugar inacessível como uma fotografia plastificada dentro da carteira. Você pode mudá-lo desenvolvendo uma visão mais acurada e saudável de si mesmo.

Auto-imagem positiva significa a descoberta do próprio ser. Auto-imagem positiva significa estar consciente de sua identidade e força interior. Auto-imagem positiva significa alegria, otimismo e responsabilidade. Auto-imagem positiva imprime significado a tudo o que fazemos e a tudo o que se passa nas profundezas de nosso ser.

Melhore sua auto-imagem e sua vida mudará. A vida dos outros à sua volta também mudará, quando nascer dentro de você uma autodignidade geradora de poder. Você vencerá seus preconceitos. Saberá superar o cansaço. Sairá da depressão. Elevará os níveis pessoais de realização. Conseguirá quebrar hábitos destrutivos. Vencerá as preocupações, o medo e a ansiedade. Conseguirá gerar entusiasmo. Romperá o tédio. Terá o poder de superar as deficiências pessoais. Mudará a sua aparência física e dominará a tristeza e a solidão.

Vamos. Mude. O que você está esperando? Você é muito bom, você é vencedor e você tem valor.

Sugestão para leitura:

MC DOWELL, Josh. *Construindo uma nova imagem pessoal.* São Paulo: Candeia, 1986.

**"A realidade de hoje foi
o sonho de ontem.
O sonho de hoje será a
necessidade de amanhã.
E em todas as épocas
zombou-se dos
sonhadores."**

Zálkind Platigorsky

OUSADIA DE SONHAR

"Já que você tem de pensar de qualquer forma, pense grande."

Donald John Trump
Empreendedor americano

A escadaria da catedral de Ulm, na Alemanha, é a maior do mundo: setecentos e trinta e oito degraus de pedra para chegar ao topo. Sei porque ouvi um turista, quase sem respiração, citar o número do último degrau. Lá de cima você podia ver dois tipos de paisagem. De um lado, ao sul da cidade, os Alpes da Baviera. E a leste, as colinas que margeiam o rio Danúbio.

Em fins do Século XVI, vivia nessa região um artesão chamado Hans Ludwig Babblinger, cidadão de Ulm, que queria voar. Queria desafiar a lei da gravidade. Queria planar como um pássaro.

Problema: ele vivia no Século XVI. Não existiam aviões, helicópteros nem máquinas voadoras. Era um sonhador com planos avançados demais para a época. Queria o impossível.

Hans Babblinger, contudo, dedicou-se a uma profissão cujo objetivo era ajudar as pessoas a conseguir o impossível. Ele fabricava pernas e braços artificiais. Trabalhava continuamente porque, naquela época, a amputação era uma solução comum para certas enfermidades ou ferimentos. Sua tarefa consistia em ajudar os deficientes a vencer os obstáculos.

Babblinger sonhava fazer o mesmo para si.

Com o passar do tempo, usou suas habilidades para construir um par de asas. Breve chegou o dia de testá-las nas montanhas dos Alpes da Baviera. Ótimo local. Escolha auspiciosa. As correntes ascendentes de ar são comuns naquela região. Era um dia memorável, sob o brilho do sol e os olhares dos amigos, ele saltou do patamar de uma montanha e chegou são e salvo ao solo.

Seu coração vibrou de alegria e os amigos aplaudiram. Incrível! Babblinger sabia voar!

Na Primavera de 1594, o rei Ludwig, acompanhado de uma grande comitiva, estaria visitando Ulm, e o bispo e os cidadãos queriam impressioná-lo. Ao tomarem conhecimento do sucesso do vôo de Hans, pediram-lhe que fizesse uma acrobacia para o rei. Hans assentiu.

Desgraçadamente, preocupado com o conforto do rei e do pessoal da aldeia para a segunda demonstração, Babblinger escolheu a plataforma das colinas, às margens do rio Danúbio. Desgraçadamente, já disse, porque ali predominavam as correntes descendentes de ar frio.

No grande dia, lá estavam músicos, rei e comitiva, prefeito, aldeões, todos reunidos à margem do rio. Babblinger subiu à plataforma, acenou, acocorou-se e pulou.

E veio direto para o fundo do rio feito uma pedra.

No domingo seguinte, do alto do púlpito da catedral de Ulm, o bispo referiu-se pessoalmente a Babblinger, durante o sermão, acusando-o de ter cometido o pecado do orgulho:

– Homem não voa! Trovejava o alto prelado.

Arrasado, destruído pela condenação do bispo, Babblinger saiu da igreja, entrou em casa e não tornou a pôr os pés na rua, até morrer, preso à força da gravidade, com suas asas, sonhos e coração partidos.

A catedral de Ulm não é a primeira instituição a engaiolar um voador. Ao longo dos anos, líderes, professores, nossos pais e colegas tornaram-se exímios na arte de dizer às pessoas o que elas não podem fazer.

Enquanto falamos de dar liberdade às pessoas para voar, pense em si mesmo. Você tem fornecido asas? Tem dado liberdade às pessoas para voar?

Tem dado asas para pessoas que vivem a nossa volta, como Babblinger. Para inspirá-las a não desistir, para estimulá-las a continuar tentando, e tentando e tentando...

Para distribuir asas é necessário acreditar na possibilidade de voar. E, não raras vezes, para testá-las, será preciso arriscar-se, subindo a altitudes assustadoras ou a perigosas plataformas de salto.

Uma palavra final sobre a catedral de Ulm. Atualmente é visitada quase que exclusivamente por turistas. Aos domingos, há pouca gente assistindo à missa. A espantosa maioria das pessoas prefere passar as manhãs de domingo voando por aí, pelo céu, de avião.

Esteja você onde estiver, Hans Ludwig Babblinger, achei que gostaria de saber no que deu o seu sonho.

Sugestão para leitura:

MEDINA, João Paulo S. *Realize o impossível*. São Paulo: Gente, 1999.

"Haverá decepções e fracassos ao longo do caminho. O aprendizado que essas experiências representam permitem que você faça descobertas preciosas que podem levar a futuros sucessos em sua jornada."

Cherie Carter-Scott
Especialista em automotivação

FALTA MUITO PARA CHEGAR? (a jornada do sucesso)

"Tudo na vida é vivido em níveis e alcançado em etapas."

Ed Cole
Orador americano

Quando você faz uma viagem acompanhado de crianças pequenas, não há a menor dúvida do que vai acontecer. As crianças vão perguntar. Elas vão perguntar logo no início, vão perguntar todo o tempo. Elas vão perguntar resmungando obstinadamente. Elas vão perguntar mesmo que você diga que não quer ouvir isso de novo. Elas vão perguntar como se fosse uma obrigação legal que devessem cumprir. Isso irá irritá-lo, e a intenção é exatamente essa.

– Nós já chegamos?

Geralmente, o tempo de viagem é proporcionalmente inverso ao tempo que elas começam a perguntar. Não precisa muito para que alguém no banco de trás comece a reclamar que está sendo puxado, beliscado ou torturado psicologicamente.

Os limites estão demarcados, mas então o espaço aéreo de alguém é invadido. Em breve, começa como uma música, uma espécie de canto pagão:

– Nós já chegamos? Nós já chegamos?

Com certeza, as crianças têm mais dificuldades que os adultos de controlar a ansiedade, diminuir a inquietação, tolerar o companheiro de viagem e, sobretudo, saber onde estão durante uma viagem. Elas não têm uma boa noção de tempo, em especial quando são bem pequenas e, naturalmente, não possuem uma visão do todo.

Uma grande quantidade de adultos está na mesma situação das crianças quando se trata da jornada do sucesso. Parece que eles estão sempre fazendo a pergunta: "falta muito para chegar?" Parte disso se deve à impaciência para ser bem-sucedido, mas isso também indica que muitas pessoas – apesar de seu trabalho duro – não são capazes de dizer se estão fazendo progresso ou não na jornada do sucesso.

Se você está se questionando, silenciosamente, a primeira coisa que vou sugerir é que você faça uma pergunta diferente: "será que estou indo para lá?" Lembre-se: seu objetivo não é alcançar um destino, é fazer uma jornada. A segunda coisa que gostaria de dizer é: procure os marcos na estrada. Toda vez que estiver viajando e não tiver certeza de onde está, você precisa instintivamente procurar por pontos de referência para ter segurança.

Você pode estar pensando: "por que é que eu preciso saber sobre pontos de referência? Já não identifiquei os meus objetivos? Eles não são pontos de referência?". Estas perguntas são boas, mas existem diferenças importantes entre objetivos e pontos de referência. Os objetivos são geralmente representados por alvos externos que você precisa acertar para cumprir seu sonho. Os pontos de referência (marcos) da jornada do sucesso são internos, não externos. Eles sinalizam mudanças em você – no seu modo de pensar e nas suas atitudes – que, então, se manifestam externamente através de seus atos. Persistência, determinação, entusiasmo e otimismo são bons referenciais. Quanto mais marcos você identificar ou desenvolver dentro de si, mais longe chegará nessa jornada.

Imagine-se fazendo uma viagem e dizendo: "não cheguei ainda. Não chegarei hoje. Não chegarei amanhã. Na verdade, passarei a vida inteira viajando. Estou seguindo para o único destino para o qual vale a pena viajar. Mas ainda não cheguei." .

Não diga ainda não. Diga em breve. Seja paciente e persistente.

Você chegará lá.

Sugestão para leitura:

MAXWELL, John C. A *jornada do sucesso*. São Paulo: Mundo Cristão, 2000.

"Princípio do Sucesso:
Ter um ideal e lutar por ele.
Evitar pequenas capitulações cotidianas.
Elas precedem as grandes.
Saber com exatidão o que se quer começar.
Nunca superestimar suas possibilidades,
nem tampouco subestimá-las.
Não confundir ansiedade com rapidez.
Ter paciência e esperar.
Fazer muito bem o que se tem a realizar."

Autor não identificado

EU E O COIOTE (lições do desenho do Papa-Léguas)

"Bip...bip!"

Papa-Léguas

Coiote persegue furiosamente o Papa-Léguas. De repente, a ave para. O Coiote tenta, mas não consegue, ele passa direto pelo Papa-Léguas, escorregando até a ponta de um penhasco. O chão cede e, só por um instante, vemos seus olhos em forma de pires. E então o Coiote se espatifa. Ploft!

Gosto muito dos desenhos do Papa-Léguas. O Coiote e eu temos uma sina comum. Eu também me aventurei bem perto do penhasco. Também me vi num terreno incerto, e levei um tombo. Eu também fiz aquele olhar do tipo "rapaz, isso vai doer!". Também olhei para cima, do fundo da lama, aturdido e estupefato.

Mas o Coiote possui uma coisa. Eu não. Ele é invencível. Nunca fica machucado. As quedas não o perturbam. Na cena seguinte ele está empilhando dinamite ou pintando uma parede, deixando-a parecer um túnel. Em segundos, ele sai da lama e volta a caçar.

Você e eu não nos recuperamos com tanta facilidade. Caímos como o Coiote. Mas, diferente dele, vagueamos pelo precipício por um tempo. Aturdidos, machucados, e imaginando se existe algum jeito de sair do barranco.

Então, qual é a lição?

O desenho do Papa-Léguas é uma representação de um modelo de planejamento estratégico para a vida. O Coiote está faminto – uma condição que ele está profunda e pessoalmente empenhado em mudar. Conseguir pegar o Papa-Léguas (a comida) é o objetivo estratégico do Coiote. (Em alguns episódios, quando imagina a ave sendo assada em um espeto ou a fumaça saindo de seu prato, o Coiote compartilha a sua *visão*, o seu sonho). Ele também tem uma "missão", apesar dela mudar freqüentemente. Em uma de suas missões, por exemplo, o Coiote prende uma bigorna em um balão, utiliza um ventilador para impulsionar o aparato e conta com uma banana de dinamite com pavio comprido para soltar a bigorna exatamente sobre o Papa-Léguas.

Porém, na preparação para o lançamento, ele acende o pavio comprido e este, para seu desespero, queima completamente em menos de um segundo, fazendo a dinamite explodir em sua cara. O Coiote fica completamente enegrecido com a explosão, todo carbonizado, e vai saindo de cena de maneira desengonçada. A imagem vai desaparecendo gradualmente. Quando ela volta, o Coiote está criando uma estratégia totalmente nova para uma outra missão. Dessa vez, ele utilizará entre outras coisas, uma catapulta e uma enorme pedra.

É quase certo que o Coiote, demasiadamente magro, vai ficar sem comer até morrer. Ele abandonou a idéia da bigorna pendurada no balão por causa de um pavio com defeito e, certamente, abandonará a idéia da catapulta com a enorme pedra devido a um outro defeito no mecanismo.

O Coiote já apresentou dúzias, se não centenas de projetos engenhosos para capturar o Papa-Léguas – e todos poderiam ter dado certo se fosse feito um planejamento um pouco mais cuidadoso. A questão é que o Coiote tem muita pressa para sentar e planejar as coisas. Como a maioria das pessoas que assiste às suas trapalhadas e riem, ele prefere executar em vez de planejar. Como muitos que o assistem, ele acredita na ação imediata para obter resultados. Como muitos, lida constantemente com o fracasso e a decepção.

Meu conselho para o Coiote: pegue uma de suas melhores idéias, elabore-a e leve-a a cabo. No caso da idéia da bigorna, por exemplo, pergunte-se qual seria o tempo ideal para o pavio queimar.

Será que você tem de usar dinamite mesmo? Que tal utilizar um mecanismo de controle remoto para que você mesmo possa controlar a bigorna? Crie uma lista de coisas que devem ser verificadas, como o que poderia explodir na sua cara e o que faria com que você se arrebentasse no chão ou caísse de uma grande altura com aquele efeito sonoro característico. Como você poderia evitar que isso acontecesse? Antecipe e resolva todos os problemas para que você possa, finalmente, saborear a suculenta ave no jantar.

O planejamento eficaz é responsável pela diferença entre almejar o sucesso e alcançá-lo.

Sugestão para leitura:

LEVEQUE, Paul. *Planejar para o sucesso*.
São Paulo: Futura, 1999.

"O sucesso resulta de cem pequenas coisas feitas de maneira um pouco melhor. O insucesso, de cem pequenas coisas feitas de maneira um pouco pior."

Henry Alfred Kissinger
Político e diplomata alemão
radicado na América

1
Faixa 07

O FRACASSO TAMBÉM FAZ PARTE

"O que quero saber antes de tudo não é se fracassaste, mas se soubestes aproveitar teu fracasso."

Abraham Lincoln (1809-1865)
Presidente americano

O fracasso é uma das partes mais importantes do sucesso. Existe, aí, um paradoxo. Jamais chegaremos ao sucesso, se nunca fizermos uma tentativa e, se nestas tentativas fracassarmos, aí está implícito que tentamos alguma coisa. É justamente através das nossas tentativas e fracassos que aprendemos como alcançar a vitória.

Quando era criança, vi outros meninos andando de bicicleta e desejei andar também. Logo na primeira tentativa, caí e ralei-me todo.

Se a partir daí tivesse deixado o medo tomar conta de mim por causa do fracasso da minha queda, nunca teria aprendido a andar de bicicleta, pois não me atreveria a subir de novo. Meus amigos poderiam ter me chamado para andar e eu lhes responderia: "não, obrigado, não sirvo para andar de bicicleta". Mas o que fiz foi analisar o fracasso para descobrir o que tinha feito de errado e, da próxima vez, acertar.

Lembrando-me do fato, descobri que tinha deixado meu corpo desequilibrar-se para um lado e, pior ainda, na hora da queda, ao invés de usar minha mão para amortecer a batida no chão, usei o queixo. Com isso, aprendi como equilibrar a bicicleta e logo em seguida andava tranqüilamente divertindo-me muito.

Caí outras vezes. Caí quando tentava aprender a andar sem as mãos; caí também quando tentei fazer outros truques com a bicicleta. Mas, levantei-me novamente após cada queda e aprendi a andar sem as mãos, além de várias outras manobras.

Pouco a pouco fui aprendendo uma verdade: se quisermos fazer algo bem feito, temos que estar dispostos a aprender com os nossos erros, nos aperfeiçoar a cada tentativa.

Abraham Lincoln foi um dos presidentes mais populares da história dos Estados Unidos. Até hoje seus discursos são decorados nas escolas pelas crianças americanas. Mas poucos sabem como ele lidou com o fracasso durante toda a sua vida.

Em 1832, ele entrou na guerra dos *Black Hawk´s* como capitão, mas terminou como soldado. No mesmo ano se candidatou e foi derrotado para o Congresso de Illinois, seu estado natal e ainda, naquele mesmo ano, comprou uma loja com um sócio, que poucos meses depois veio a falir.

Abraham Lincoln foi eleito ao Congresso Nacional em 1847, mas na época de sua reeleição, em 1849, mesmo querendo, não se candidatou. Era tão impopular que já sabia que perderia.

Quando ele tentou reingressar na política em 1854, como candidato ao Senado americano, foi derrotado outra vez. Em 1858 tentou novamente ser eleito para o Senado e, mais uma vez, foi derrotado.

A maioria das pessoas, quando enfrentam revezes na vida, simplesmente desistem. Parece até que Lincoln sabia o segredo de usar os fracassos para chegar ao sucesso. Ele sabia que os fracassos iam lhe ensinando e ele ia se aperfeiçoando. Cada tropeço ou fracasso continham lições que o ajudavam a chegar ao sucesso.

Em 1860, candidatou-se a presidente dos Estados Unidos e foi eleito com facilidade no primeiro turno. Até hoje é lembrado em todo o mundo como um grande defensor da democracia. É reconhecido também como um dos maiores líderes da história do mundo, por causa da sua persistência diante das sucessivas derrotas e por sua habilidade em transformar a derrota em vitória.

E você!?

Sugestão para leitura:

NEWBERRY, Tommy. *Success is not an accident.*
Georgia – EUA: Looking Glass Books, 1999.

"Um quilo de determinação vale mais que uma tonelada de sorte."

James A. Garfield

MANTENDO A FIRMEZA NOS MOMENTOS DE MAIOR DESÂNIMO

"Finalmente..."

Palavra de um perseverante que acaba de atingir seu objetivo

O mundo está cheio de fracassados cultos, talentosos frustrados, perdedores inteligentes e pessoas com excesso de capacidade para fazer o que fazem. Todos nós conhecemos alguém que se enquadra em uma dessas categorias. São indivíduos que passam pela vida sem alcançar um mínimo de sucesso, até nas tarefas ou atividades mais simples. Poder-se-ia pensar que a posse de tais atributos – o talento, a educação, a inteligência, a força, a agressividade, a sabedoria – assegurariam a essas pessoas o sucesso automático; mas não é assim.

Por quê? Porque nem todos os que estabeleceram objetivos, fizeram planos e agiram com perseverança até triunfar. Por isso, as suas oportunidades de realizarem o objetivo foram muito limitadas. São pessoas que mudam de rumo quando não deviam, ou facilmente se dão por vencidas, ou perdem a confiança e o entusiasmo; e como sempre, encontram um motivo para não perseverar, simplesmente abandonam tudo! E isso, é claro, tem efeitos desastrosos. Os planos que realmente valem a pena devem ser seguidos até o fim.

Perseverar quer dizer manter um curso fixo, não considerando os atrasos, as dúvidas, ou as dificuldades; quer dizer não se dar jamais por vencido. É a habilidade que separa os ganhadores dos perdedores. A característica mais típica e comum dos que triunfam é a perseverança. Isso dá certo nos esportes, nos negócios, na ciência, nas artes e em qualquer outro empreendimento orientado por metas. Perseverança é a habilidade de percorrer todo o trajeto. É o que em última instância significa cruzar, ou não, a linha de chegada.

Este compromisso de "terminar a corrida" nunca é fácil. Há épocas em que somos tentados a ir atrás de interesses que nos dão prazer imediato, negligenciando as prioridades a longo prazo.

Vamos relembrar os dez últimos anos de nossa vida. O que foi que abandonamos e do que agora nos arrependemos?

Gostaria de ter terminado o segundo grau, a faculdade, ou um curso de pós-graduação? Queria ter continuado as aulas de canto, de dança, de piano, de outro idioma? Desejaria ter permanecido naquele emprego simples, que mais tarde lhe apresentaria uma oportunidade de promoção? Gostaria de ter se empenhado mais para manter um relacionamento ou uma amizade antiga, que terminou quando surgiram momentos difíceis?

Muitos carregam cicatrizes ou feridas profundas por terem desistido de algo ou de alguém. Muitos são os que olham para seu passado, meneiam a cabeça e perguntam-se: "por que desisti com tanta facilidade?"

A resposta é simples: é infinitamente mais fácil desistir do que perseverar.

Quando você achar que é difícil prosseguir, deve lembrar-se da história de um caçador de diamantes da Venezuela, chamado Rafael Solano. Ele era um dos muitos nativos pobres que buscavam enriquecer. Certo dia, ele foi peneirar as pedras de um banco de areia de um rio seco onde se dizia haver diamantes. Ninguém, contudo, havia tido a oportunidade de encontrar diamantes na areia. Um por um, aqueles que chegavam e partiam do local tinham seus sonhos despedaçados e seus corpos exauridos.

Desanimado e exausto, Solano acabara de decidir que chegara a hora de desistir também. Ele não tinha nada para mostrar após meses de trabalho.

Solano, então, abaixou-se para peneirar mais um punhado de pedregulhos, para que ao menos pudesse dizer que tinha inspecionado cada pedregulho na sua propriedade. Dos pedregulhos na sua mão, ele pegou um que parecia um pouco diferente. Ele o pesou na outra mão. Parecia realmente mais pesado. Ele o mediu e o pesou numa balança. Poderia ser o que pensava?

Exatamente: Solano encontrara um diamante bruto! O joalheiro nova-iorquino Harry Winston pagou 200 mil dólares só por aquela pedra. Quando o diamante foi polido e lapidado, ficou conhecido como libertador, e é considerado o maior e mais puro diamante não-minado do mundo.

Talvez você esteja atolado num trabalho por semanas, meses ou até anos, sem ver muito resultado. Hoje pode ser o dia. Não desista!

Quando perseguimos um objetivo, às vezes encontramos revezes. Há muitos homens e mulheres, através da história, que conseguiram enorme sucesso somente depois de terem tentado, e tentado novamente. E você pode fazer o mesmo.

***Sugestão para leitura*:**

CARTER-SCOTT, Chérie. *Se o sucesso é um jogo, estas são as regras*. Rio de Janeiro: Rocco, 2001.

"O teste do sucesso não é o que você faz quando está por cima. Sucesso é a altura que você atinge quando dá a volta por cima depois de chegar ao fundo do poço."

George Smith Patton Jr. (1885-1945)
General americano

O MELHOR E O PIOR DOS TEMPOS

"Não há melhor aprendizado do que a adversidade."

Benjamin Disraeli (1804-1881)
Primeiro ministro e escritor inglês

No início de seu romance clássico "História de duas cidades", Charles Dickens escreveu suas palavras imortais: "Foi o melhor dos momentos, foi o pior dos momentos". Estava Dickens brincando com uma contradição exagerada? É improvável. A vida é tanto doce quanto amarga... ao mesmo tempo. Alguém já disse que "a vida é como lamber mel de um espinho".

Em Dezembro de 1914, um laboratório de Thomas Edison foi totalmente destruído pelo fogo. Apesar de os prejuízos ultrapassarem dois milhões de dólares, o prédio estava segurado em apenas 238 mil dólares, porque era de concreto, que se imaginava à prova de fogo. Muito do trabalho de Edison se foi com as chamas impressionantes daquela noite de Dezembro.

No auge do fogo, o filho de Edison, Charles, um rapaz de vinte e quatro anos, procurava freneticamente pelo pai em meio à fumaça e aos destroços. Finalmente o achou, calmamente observando a cena, com ar de reflexão e cabelo branco ao vento.

"Meu coração doeu por ele", contou Charles. Era um homem de sessenta anos que via tudo o que possuía se consumir em chamas. Quando me avistou, meu pai gritou: "Charles, onde está sua mãe? Chame-a depressa e traga-a aqui, porque ela nunca mais terá a oportunidade de ver algo assim".

Na manhã seguinte, Edison, olhando para as ruínas, refletiu: "Há um lado bom na desgraça. Todos os nossos erros são queimados. Graças a Deus, podemos começar do zero".

Três semanas depois do incêndio, Edison inventou o fonógrafo.

Quando achamos que tudo está perdido, algo ainda pior acontece: é como encontrarmos um alçapão no fundo do poço. No entanto, os desígnios de Deus nos levam a certas provações. Observe na natureza que as mudanças são traumáticas. A lagarta só se transforma em borboleta depois de passar muito tempo encerrada em um casulo. O leão só forma sua família depois de enfrentar seu pai em batalhas que, às vezes, levam à morte de um dos oponentes. Algumas árvores só conseguem se manter vivas e ganhar folhas novas depois de perderem todas as suas folhas no Outono. Perdemos tudo e isso é necessário.

Ao deixar uma realidade de lado, ganhamos algo novo, que não poderia conviver com valores antigos. Um ditado popular diz que, depois de cair em um buraco, sempre voltamos para lugares mais altos.

Quando achar que perdeu todo o seu referencial, simplesmente entregue sua vida nas mãos de Deus, tenha paciência. Ele nunca nos desampara. Agora, não basta entregar a vida nas mãos de Deus esperando sentado. Aja. Vá ao encontro do melhor dos tempos. Saiba reconhecê-lo.

Sugestão para leitura:

ANDRADE, Antonio de. *Para um novo amanhecer.* São Paulo: Mercuryo, 1998.

"Não desista. Vá em frente. Sempre há uma chance de você tropeçar em algo maravilhoso. Nunca ouvi falar em ninguém que tivesse tropeçado em algo enquanto estava sentado."

Charles Franklin Kettering (1876-1958)
Inventor americano e co-fundador
da Delco Electronics

PERSEVERAR, PERSEVERAR, PERSEVERAR

"A perseverança é um elemento importante para o sucesso; se você bater à porta por um bom tempo e gritar por um bom tempo, com certeza acordará alguém."

Henry Wadsworth Longfellow (1807-1882)
Poeta americano

Se você pudesse organizar sua vida, de modo que evitasse todo tipo de adversidade, como poderia desenvolver seu caráter? A adversidade não se deve evitar nem temer, é necessário abraçá-la e superá-la. A perseverança é para o caráter do homem ou da mulher, o que o carbono é para o aço: tempera fazendo-o mais forte. Cada vez que acontecer-lhe algo, pergunte a si mesmo: O que posso aprender com isto? Que benefício posso obter disto? Que oportunidades há em tudo isto?

Havia um jovem que sonhava em ser agricultor. Encontrou um pequeno sítio e o comprou. A sua inexperiência e sua ansiedade o levaram a não atentar para alguns detalhes que só percebeu depois. Descobriu que faltava água para regar seus campos.

Seguiu o seco leito de um rio que cortava o sítio, até chegar a uma enorme pedra que havia caído no leito e desviava o fluxo das águas para as rochas, de onde se perdia. Decidiu romper este obstáculo que se interpunha e dificultava a plena realização de seu sonho.

Munido de uma marreta, golpeou a pedra uma vez com todas suas forças. Não aconteceu nada. Nem sequer deixou uma marca, nem arrancou uma lasca. Era como se não houvesse golpeado. Voltou a golpeá-la e outra e outra vez; golpeou-a por quinhentas vezes e nada aconteceu. Começou a fraquejar em sua decisão.

Começou a duvidar de que conseguiria êxito em seu intento. Questionou se deveria ter comprado aquele sítio. Se realmente valia a pena ser agricultor.

Depois de um breve descanso, voltou a golpear a grande pedra, e no golpe quinhentos e dois a pedra se abriu e a água seguiu o seu fluxo natural, passando por entre a fenda que ele acabara de abrir. Como havia conseguido? Com o golpe número quinhentos e dois ou com os quinhentos e dois golpes. Verá: nem sempre obterá diretamente o que quer, o que deseja. Terá sempre que seguir golpeando, golpeando, até que se abra o caminho.

São muitos os que abandonam quando estão a ponto de triunfar. Os obstáculos instruem, não obstruem. O obstáculo foi para o jovem uma instrução, mais que uma obstrução. Para ter êxito, você deve crer em si mesmo, e fazer o que se deve fazer quando se deve fazer, e seguir fazendo até que se abra o caminho. Deve comprometer-se consigo mesmo a seguir adiante – e não apenas quando a situação for fácil, mas sim quando for difícil. Quando o caminho for verdadeiramente duro. Quando tudo em seu interior te diz para abandonar. Decida sempre, antecipadamente, que não se renderá seja qual for o contratempo. Persevere!

George Tulloch demonstrou determinação semelhante. Em 1996, ele conduziu uma expedição ao lugar onde o Titanic havia naufragado, no ano de 1912. Sua equipe recuperou inúmeros objetos, como óculos, jóias e louças. Em sua pesquisa, Tulloch notou que um pedaço do casco havia se desprendido e repousava no fundo do mar, não muito distante do navio. Ele não poderia perder a oportunidade que tinha diante dele; ali estava a chance de recuperar uma parte do próprio navio.

Sua equipe começou a puxar, para dentro do barco, aquele pedaço de casco pesando vinte toneladas. Conseguiram erguê-lo até a superfície, e estavam para içá-lo ao convés quando um temporal se abateu sobre eles, rompendo as cordas. O Atlântico exigiu seu tesouro de volta. Tulloch viu-se forçado a retroceder e a reagrupar forças. Antes de abandonar o local, porém, ele fez algo curioso. Desceu para o fundo do mar até onde a pressão marítima o permitia e, usando um braço robótico de seu submarino, prendeu uma faixa de aço no pedaço do casco, onde estava impressa a seguinte frase: "Voltarei. George Tulloch".

George Tulloch cumpriu sua promessa! Dois anos depois, voltou ao lugar do naufrágio e recuperou aquele pedaço de casco.

Thomas Edison disse: "Muitos dos fracassados são pessoas que não se deram conta de quão perto estavam do êxito e abandonaram".

Pense nos grandes homens e mulheres de nossa história humana. Imagine Joana D´Arc choramingando: "Mas não sei nem andar a cavalo, quanto mais comandar um exército!" E se Cristóvão Colombo tivesse dito: "Não posso estar certo e todas essas pessoas estarem erradas. E se eu fracassar e me perder no alto mar? O que os outros vão dizer?" Suponha que Thomas Jefferson tivesse sucumbido às suas inseguranças: "Escrever uma declaração de independência para um novo país? Mas nunca escrevi uma declaração antes..."

Agora você pode reagir dizendo: "É, mas eles foram grandes e famosos. Não sou grande, nem famoso". A que sou tentado a replicar: "Certo. Mas eles também não eram, até dar o passo que os levou ao êxito."

Persista, persevere, insista. Você vai conseguir. Acredite!

Sugestão para leitura:

RAMON, J. R. As *forças da motivação*.
São Paulo: Vida, 2000.

"...O choro pode durar uma noite, mas a alegria vem pela manhã."

Salmista Davi
Livro de Salmos 30.5

AS ESTRELAS AINDA ESTÃO LÁ

"A esperança consegue ver o céu através das mais densas nuvens."

Thomas Brooks (1608-1680)
Clérigo inglês

Conta-se a história de dois viajantes que, em seus camelos, atravessavam as escaldantes areias de um deserto. Lentamente, avançavam pela árida extensão, seguindo as pegadas de uma caravana que os antecedera. De repente, violenta tempestade de areia começou a varrer a inóspita amplidão. O furioso e inclemente vendaval, quente e sufocante, soprava incontido, revolvendo em um turbilhão frenético a gigantesca massa de areia, a ponto dos desolados viajantes mal poderem avistar os camelos a seu lado. Por fim, cessou a ventania e tudo voltou à calma outra vez.

Ao contemplarem agora o cenário, o panorama havia mudado completamente. Cada monte de areia havia mudado de forma e de lugar. Todo arbusto que antes se via, agora estava desaparecido embaixo da desolada extensão de areia. As poucas e tênues pegadas pelas quais eles se orientavam, tinham desaparecido totalmente. Um deles, após procurar, em vão, qualquer indício ou sinal que os ajudasse na tomada do rumo, deixou cair os braços em gesto de completo desânimo e, angustiado, falou:

– Estamos perdidos, estamos completamente perdidos.

O outro nada tinha a dizer. Naquela noite, entretanto, depois que o sol se pôs para além do horizonte ocidental, levantou os olhos para o céu estrelado e disse esperançoso:

– Não, não estamos perdidos. As estrelas ainda estão lá.

Assim se dá conosco. O cenário de nossas vidas transmuta com tanta rapidez que pode deixar-nos perplexos. Aqueles em quem mais confiamos nos podem desencantar. Podemos ceder ao desespero, nos acharmos perdidos, além de toda esperança. Mas ao volvermos os olhos para o céu, para o Criador, ao invés de nos perdermos na enganosa contemplação das cercanias que nos envolvem, podemos perceber que as estrelas continuam lá.

E, então, compreendemos que se o Criador pode semear milhões de estrelas nas amplidões, se pode manter o universo em perfeita ordem, com precisão absoluta, então podemos ficar bem certos de que não será de outra forma que Deus considera as nossas vidas.

Nosso retorno nunca é ao mesmo lugar onde começamos, mas sempre a um lugar mais alto. Ficamos mais sábios e mais ricos. Independentes daquilo que nos atinge.

Não importa a preocupação, a frustração ou o pesar que você levou para a cama ontem à noite... O dia de hoje traz consigo a esperança de uma mudança radical.

Lembre-se, as estrelas continuam lá...

Sugestão para leitura:

GABOR, Don. *Milagres acontecem*.
Rio de Janeiro: Record, 2001

"Não desanime. Muitas vezes é a última chave do molho a que abre a fechadura."

Autor não identificado

Faixa 09

NUNCA DESISTA

"Nada de esplêndido jamais foi realizado, exceto por aqueles que ousaram acreditar que algo dentro deles era superior às circunstâncias."

Bruce Fairchild Barton (1886-1967)
Empresário, autor e político americano

Certo pai sentiu-se consternado ao ler as notas escolares de seu filho, pois ficava clara a dificuldade que o garoto tinha em aprender. O pai esperava que seu filho chegasse a ser advogado, mas o diretor da escola deixava claro que aquilo seria impossível: o garoto era um fracasso.

Sir. Winston Churchill passou três anos na oitava série porque tinha dificuldades para aprender inglês. Winston Churchill foi o primeiro ministro da Inglaterra durante a Segunda Grande Guerra Mundial. Ele liderou o povo britânico durante um período bem difícil. Quando a França se rendeu à Alemanha, em junho de 1940, a Inglaterra ficou sozinha na luta contra os alemães. A força aérea estava em desvantagem e a nação sofria constantes ataques. Mas mesmo quando a derrota parecia certa, Churchill não desistia. Em cinco anos, a Alemanha foi derrotada e a Europa ficou mais uma vez em paz.

No dia 29 de outubro de 1941, Churchill estava diante dos alunos da Escola de Arrow, na Inglaterra. Todos permaneciam em silêncio. Todos os olhos estavam fixos no grande líder. Todos os ouvidos estavam atentos às palavras de seus lábios.

Churchill chegou para o evento com seus habituais aparatos – charuto, bengala e cartola. Assim que se aproximou da tribuna, a platéia levantou-se e aplaudiu-o efusivamente.

Com grande dignidade, Churchill acalmou a platéia enquanto permaneceu em pé, demonstrando confiança diante de seus admiradores.

A seguir, ele se desfez do charuto e colocou cuidadosamente a cartola sobre o púlpito. Olhou diretamente para a ansiosa platéia e, com tom de autoridade na voz, disse:

– Nunca desistam!

Alguns segundos se passaram e, na ponta dos pés, ele continuou:

– Nunca desistam. Nunca, nunca, nunca, de coisa alguma, grande ou pequena, nunca desistam, a não ser por causa de convicções de honra e bom senso.

Suas palavras ecoaram com a força de um trovão. Fez-se um profundo silêncio enquanto Churchill estendeu a mão para pegar seu charuto e cartola, firmou-se na bengala e deixou a tribuna. Seu discurso estava terminado.

Esse discurso de Churchill foi, sem dúvida, o mais curto e o mais eloqüente da história de Arrow. Porém, ele deixou uma mensagem que todos os presentes se lembrariam para o resto de suas vidas.

Mantenha-se firme no que você deseja fazer. O maior fracasso é... desistir!

Nunca desista, nunca, nunca, nunca!

Sugestão para leitura:

DORIA, Junior, João. *Lições para vencer*. São Paulo: Gente, 2001.

"Persistência é a teimosia com um propósito."

Richard De Vos

PERSISTÊNCIA

"... Tudo é possível ao que crê."

Palavras de Jesus
Registradas no evangelho de Marcos

Todos nós, vez por outra, nos sentimos desanimados. A maioria de nós, em alguma ocasião, já se perguntou se não deveria desistir. É comum enfrentarmos problemas e desencorajamentos, mas podemos vencê-los com o poder da persistência. Parece que muitos dos famosos líderes do mundo tiveram que enfrentar grandes dificuldades e desencorajamentos para tornar realidade sua meta.

Cristóvão Colombo, por exemplo, pelas informações que obteve em suas viagens e pelo estudo de cartas e mapas, concluiu que a Terra era redonda e que podia alcançar a Ásia viajando para o oeste. Mas precisava de um patrono para financiar uma expedição daquele porte. Primeiramente, tentou D. João II de Portugal, sem sucesso e, depois, o Conde de Medina Celi, na Espanha. O Conde incentivou Colombo durante dois anos, mas nunca, na realidade, lhe deu dinheiro, nem os suprimentos de que ele necessitava. Então procurou Fernando e Isabel, rei e rainha de Castela, na Espanha. Um comitê designado pela rainha fez uma revisão nos planos de Colombo e chegou a conclusão de que suas idéias eram falhas e impraticáveis. Mas as conversações continuaram.

Após quase uma década de tentativas para achar um patrono, Colombo já estava um tanto desesperado, mas não desistiu. Ele tinha o poder da persistência. Acreditava na sua missão, mas insistia em conseguir melhores condições propostas por Fernando e Isabel. Pedia que lhe fosse conferida de imediato a graduação de almirante, e que fosse feito vice-rei de todas as terras e mares que descobrisse. Além disso, queria receber um décimo de todos os metais preciosos descobertos nas terras sob seu almirantado. Suas condições foram rejeitadas e as negociações foram, outra vez, interrompidas, e Colombo foi para a França. Entretanto, a rainha mudou de idéia e mandou buscá-lo. Em Abril de 1492, Fernando e Isabel concordaram em subsidiar a expedição nos termos estabelecidos pelo navegador Colombo.

Estava parecendo que seria impossível reunir as tripulações apesar das recompensas oferecidas, mesmo a criminosos e a endividados que se dispusessem a servir na expedição. Mas Colombo demonstrou, uma vez mais, seu poder de persistência e, finalmente, três navios, o Niña, o Pinta, e o Santa Maria içaram as velas a 3 de Agosto de 1492. Três dias depois, o Pinta perdeu o Leme. Tiveram que reparar o barco, rápida e disfarçadamente porque três navios portugueses estavam tentando interceptar Colombo. A viagem foi pontilhada de experiências adversas, que deixaram as tripulações agitadas e à beira de motins, mais de uma vez. Somente no dia 12 de Outubro de 1492 fundearam na América do Norte.

Colombo não visitou o Grande Khan de Catai (China) como esperava, mas descobriu dois novos continentes. Foi bem-sucedido porque tinha poder de persistência.

Para atingir um porto, devemos navegar às vezes com o vento e outras vezes contra ele. Não desista. Persista!

Sugestão para leitura:

PARIKH, Jagdish. *Managing yourself.*

Assista ao filme:

1492: A *conquista do paraíso,*
de Ridley Scott, com Gerald Depardieu.

"O grande sucesso não provém do sucesso. Ele provém da adversidade, do fracasso e da frustração, às vezes da catástrofe, e do modo como lidamos com ela e damos a volta por cima."

Summer Redstone

É UMA QUESTÃO DE TEMPO

"Há um tempo para todo propósito embaixo dos céus."

Eclesiastes, 3:1

Se você está no fundo do poço, levado por circunstâncias esmagadoras, se você está à beira do pânico, a coisa mais perigosa que você pode fazer é tomar uma decisão irreversível e negativa.

Continue acreditando e haverá uma virada. Você abrirá caminhos através dos desafios que você está presentemente encarando. Você abrirá caminhos através das derrotas que antepuseram obstáculos para você. Você emergirá do outro lado e dirá: "Foi tudo para melhor!".

A primeira pergunta que você fará é: "Quando acontecerá a virada?". Pode acontecer hoje, amanhã, ou no dia seguinte. Eu não sei quando e nem como você pode saber. Só Deus sabe a resposta para esta pergunta.

A pergunta seguinte que você pode fazer é: "Quanto tempo posso manter-me firme?". Muito mais do que você pensa que pode!

Nós raramente pensamos nas lições a serem aprendidas ou nos benefícios relacionados à recuperação prolongada. Nós gostamos de retornos rápidos, mudanças instantâneas. Nós preferimos relatos de milagres a longas histórias não sensacionalistas de recuperação lenta.

Mas, gostemos ou não, na maioria dos casos, as palavras sábias de Hipócrates são verdadeiras: "A cura é uma questão de tempo".

A pessoa que precisa de tempo para se recuperar ou reverter uma situação – talvez meses ou até anos – freqüentemente se torna um recipiente de ressentimento. Em vez de receber palavras de afirmação e encorajamento para enfrentar vigorosamente a sua dor, permitindo tempo suficiente para melhorar, o sofredor encontra ressentimento e impaciência. Conselhos indesejáveis, misturados com incompreensão e desrespeito, começam a fluir.

Ninguém, na face da Terra, gostaria mais de dar uma virada e retornar ao fluxo normal da vida do que esses lutadores. Mas, para eles, a terapia continua sendo um prolongado e doloroso processo, não um milagre instantâneo.

Todo psiquiatra dirá: "Vemos certos pacientes, mês após mês, e ano após ano. Um dia, de repente, por nada específico que possamos dizer que fizemos, a pele que diminuía e estava cinza tornou-se rosa, os olhos que estavam opacos como se estivessem dormindo conseguiram um brilho! É um momento fenomenal. Pois a esperança é um fenômeno. Nós não sabemos o que provoca o nascimento da esperança, nem de onde ela vem. Não achamos que ela venha de nós. O que sabemos é o que acontece na pessoa! Quando uma pessoa encontra a esperança há uma virada, uma total renovação."

Podemos encontrar nova esperança quando se percebe que hoje é o princípio! O que parece como um fim nunca é, exceto se você decidir fazê-lo fim.

Sugestão para leitura:

SWINDOLL, R. Charles. *Nunca é tarde para um novo começo*. Belo Horizonte: Atos, 1999.

"'Preciso fazer algo' resolverá mais problemas do que 'Algo precisa ser feito'."

Glenn Van Ekeren

1
Faixa 10

AGORA SOLTE-SE!

"Mais vale agir sem arrependimento do que se arrepender de não ter feito nada."

Giovanni Boccaccio (1313-1375)
Escritor italiano

Talvez faça algumas décadas, ou alguns anos, desde que você oficialmente "deixou o ninho". Seu destino pode ter sido uma faculdade, um emprego ou um casamento. Se seus pais são como a maioria, ficaram animados, tristes e aterrorizados – tudo ao mesmo tempo – ao observarem a possibilidade de você sair de seus cuidados.

Biólogos podem relacionar estes sentimentos paternos com o falcão peregrino. Hoje em dia, eles constroem ninhos em pontes e edifícios, assim como nos penhascos. Quando os filhotes do falcão criam suas penas na área urbana, eles têm pouco espaço para praticar vôos, e seu chamado vôo inaugural geralmente é o primeiro e o último.

Fios, janelas, ruas e calçadas não servem como boas pistas de aterrissagem.

Para um biólogo, cujo trabalho é estudar estes pássaros incríveis, a morte de cada filhote é devastadora. Contudo, se não fizerem o vôo inaugural, os filhotes morrerão e, eventualmente, isto implicará na extinção dos falcões. Os riscos são acompanhados da possibilidade do fracasso, mas não arriscar significa morte certa.

Nós, humanos, passamos anos nos preparando para o futuro, ganhando diplomas, exercendo nossa carreira profissional, buscando oportunidades. Mas, eventualmente, chega o dia em que temos de encarar o mundo, com a possibilidade do fracasso.

Recentemente, ouvi uma história – era ficção, suponho – de um homem que caiu do alto de um precipício. Conseguiu agarrar-se à raiz de uma árvore que crescia na encosta do penhasco e estava literalmente por um fio. Começou a rezar. Então, escutou a voz de Deus perguntando-lhe:

– Você acredita mesmo em mim?

– Acredito! Protestou o pobre homem cuja vida periclitava.

– Você confia em mim? Perguntou a voz de Deus.

– Sim. Sim! Respondeu o homem.

Então, a voz de Deus soou novamente.

– Vou providenciar para que você seja salvo. Agora faça o que estou mandando. Agora... solte-se!

Se você entendeu a história, é sinal de que conhece um pouco a natureza dos nossos medos, bloqueios e dependências.

Quem é seu carcereiro? A família? Os amigos? A sociedade? O seu trabalho? Não permita que isto mantenha você preso no galho. São os sentimentos de culpa, as cargas financeiras ou a tradição que o detêm? Se você passa a vida escravizado a coisas que na verdade não deseja, é porque se preocupa mais com a opinião dos outros que com o que você pensa.

A idéia de que não conseguimos ser bem-sucedidos em nossos esforços e empreendimentos não deve nos impedir de soltarmos e abrirmos as asas. Não só nosso futuro está em jogo, como também, numa perspectiva mais ampla, o nosso crescimento e o nosso desenvolvimento.

Portanto, faça sua parte. Agora... solte-se.

Sugestão para leitura:

GEGAX, Tom. *Como vencer no jogo da vida*. São Paulo: Cultrix, 2001.

"Não acredito na fatalidade que cai sobre o homem, independentemente do que ele faça.
Mas eu realmente acredito num destino que caia sobre ele caso ele não aja."

Gilbert Keith Chesterton (1874-1936)
Escritor e poeta inglês

Faixa 11

MOVA-SE, AJA, PROSSIGA

"É melhor que você aja e passe a sentir alguma coisa, em vez de ficar parado esperando sentir algo para então agir."

Jerome Bruner

Chuck Yeager, um ás da aviação, escreveu um livro alguns anos atrás com um título convidativo: PROSSIGA! Um sujeito com a sua formação aventureira, com o peito cheio de medalhas para provar a sua coragem, provavelmente tem muito a dizer sobre "prosseguir".

Poucos de nós conhecemos a emoção de quebrar recordes de velocidade ou barreiras do som, mas todos nós vivemos diariamente o desafio de prosseguir. A pergunta é: Como?

Como a viúva ou o viúvo vão prosseguir depois que as flores murcharem e a grama começar a crescer sobre o túmulo do companheiro(a)?

Como o atleta vai continuar a sua carreira depois que a idade ou alguma lesão cobrar o preço e alguém mais jovem tomar o seu lugar?

Como a mãe vai agüentar depois que os filhos crescerem e já não precisarem mais dela?

Como a vítima vai reagir após o abuso ou a injustiça, sem se tornar amarga?

Como o paciente vai continuar depois que o médico lhe der as notícias sobre a temida biópsia?

Como alguém vai prosseguir quando o fundamento ruir?

Qual o segredo?

Eu não tenho certeza se deveria chamar isto de segredo. Explico: uma parábola africana captou esta idéia muito bem.

Todos os dias a gazela acorda pela manhã. Ela sabe que deverá correr mais rápido que o mais rápido dos leões; caso contrário, será morta. Um leão acorda todas as manhãs. Ele sabe que precisa ser mais rápido que a mais lenta das gazelas se não quiser morrer de fome.

Não importa se você é uma gazela ou um leão: quando o sol nasce, você precisa correr.

Se você teve dificuldades para dar a volta por cima, então precisa manter-se em movimento. Não importa o que fez você parar ou por quanto tempo você está inativo. A única forma de quebrar o ciclo é encarar seus medos e tomar uma atitude, mesmo que ela seja pequena ou pareça insignificante.

Muitas pessoas mal sucedidas ficam retidas no ciclo do medo. Mas o mesmo acontece aos grandes empreendedores. Ao olharmos, por exemplo, para a vida do compositor Georg Friedrich Händel, vemos uma pessoa bem-sucedida que se viu presa a um ciclo que precisava desesperadamente quebrar.

Händel foi um músico prodígio. Aos 17 anos, assumiu o posto de organista da catedral de Halle, sua cidade natal. Um ano depois, tornou-se violinista e cravista da Ópera Real em Hamburgo. Aos 21, era um virtuose do teclado. Quando começou a compor, ganhou fama imediata e logo foi apontado como Kapellmeister (mestre-capela). Quando se mudou para a Inglaterra, sua fama cresceu. Com cerca de quarenta anos, tornou-se mundialmente famoso.

Apesar do grande talento e da fama de Händel, ele enfrentou enormes dificuldades. A competição com os compositores rivais ingleses era ferrenha, o público era inconstante e nem sempre assistia às suas apresentações. Ele, freqüentemente, era vítima das mudanças dos ventos políticos de sua época. Viu-se várias vezes sem um tostão no bolso, à beira da bancarrota. A dor da rejeição e do fracasso era difícil de suportar, especialmente depois de seu sucesso inicial.

Para piorar as coisas, sua saúde não era das melhores. Ele sofreu um tipo de derrame que fez com que seu braço direito perdesse alguns movimentos. Quatro dedos dessa mão ficaram totalmente paralisados. Mesmo após sua recuperação, continuou desanimado. Em 1741, Händel decidiu que era tempo de se aposentar, embora tivesse apenas 56 anos. Estava desmotivado, não tinha posses e fora consumido pelas dívidas. Tinha certeza de que iria parar na prisão. Em 8 de Abril,

Händel deu o que chamou de seu concerto de despedida. Desapontado e cheio de autocomiseração, ele desistiu.

Mas em Agosto daquele ano, algo impressionante aconteceu. Um amigo rico chamado Charles Jennings visitou Händel e deu-lhe um libreto baseado na vida de Cristo. A obra deixou-o curioso, desafiado, o bastante para fazer Händel se mexer. Ele começou a escrever. E, imediatamente, os portões da inspiração se abriram para ele. Seu ciclo de inatividade fora quebrado. Ele escreveu por quase 21 dias sem parar. Então, passou mais dois dias escrevendo a orquestração. Em 24 dias havia completado uma obra de 260 páginas manuscritas. Chamou a peça de *Messias*.

Hoje em dia, *Messias* de Händel é considerada uma obra-prima e o cume da carreira do compositor.

Quando a questão é recuperar-se das feridas emocionais provocadas pelo fracasso, realmente não importa quão boa ou ruim seja sua história pessoal. A única coisa que importa é que você encare seu medo e prossiga. Recuse-se a se concentrar apenas na situação presente. O que acontece quando nós ficamos presos ao sofrimento presente? De duas uma, ou nós culpamos alguém (o que pode facilmente nos tornar amargos), ou nos afundamos na autopiedade (o que nos paralisa). Nunca conseguiremos prosseguir em nossas vidas enquanto concentrarmos toda a nossa atenção em nossa dor presente.

Vamos, mova-se, aja. Prossiga!

***Sugestão para leitura*:**

SWINDOLL, Charles R. *Um novo começo*. Belo Horizonte: Atos, 2001.

KAVANAUGH, Patrick. *The Spiritual Lives of the Great Composers*. Nashville: Sparrow Press, 1992.

"Mesmo se você estiver no caminho certo, será atropelado se apenas ficar sentado lá."

Will Rogers (1879-1935)
Humorista americano

NÃO FIQUE AÍ PARADO... FAÇA ALGUMA COISA

"Se alguém avançar confiantemente na direção de seus sonhos, e se esforçar para levar a vida que imaginou, experimentará um sucesso inesperado em momentos comuns."

Henry David Thoreau (1817-1862)
Ensaísta americano

Fazer o quê? Pergunta você. Há tantas coisas a fazer. Como posso decidir o que é realmente importante para mim e para a minha vida? Como posso estar seguro de que o que escolho fazer é o que realmente devo fazer?

Se você enfrenta essa dificuldade, talvez o mais simples conselho de que necessite seja: Faça alguma coisa. Escolha um alvo e trabalhe a fim de alcançá-lo. Mais tarde, você poderá modificá-lo, expandí-lo, ou mesmo substituí-lo por outro melhor. Mas, primeiro, tome uma decisão. Decida-se a decidir. Ou, planeje a planejar. Mas não seja como o cowboy cheio de energia que correu para o curral, selou seu potro xucro e cavalgou em todas as direções.

Talvez seja difícil escolher um alvo específico, mas se não o fizer, é possível que se encontre para sempre frustrado, improdutivo, e por fim, emocionalmente confuso.

O psiquiatra Ari Kiev, da Universidade de Cornell, escreve sobre a importância de fixar um alvo para a saúde mental da pessoa. Diz ele:

"No exercício de minha profissão como psiquiatra, tenho verificado que ajudar as pessoas a desenvolver alvos pessoais tem se comprovado o modo mais eficaz de ajudá-las a enfrentar com êxito os problemas. Observando a vida das pessoas que dominaram a adversidade, tenho notado que elas estabeleceram alvos e se empenharam em atingí-los. Desde o momento em que decidiram concentrar todas as suas energias num objetivo específico, eles começaram a transpor os mais difíceis empecilhos. O estabelecimento de um alvo é o segredo de um viver bem-sucedido."

E podemos acrescentar que as pessoas que verdadeiramente se sobressaem em seus esforços são, sempre, aquelas que cedo determinam alvos precisos e habitualmente dirigem todas as suas energias no sentido de atingi-los. A decisão de perseguir um alvo é o segredo do sucesso. A determinação de não perdê-lo de vista é o que destaca a qualidade da excelência.

Og Mandino escreve:

"Nunca considerei a derrota, e retirarei de meu vocabulário palavras e frases como desistir, não posso, incapaz, impossível, fora de questão, improvável, fracasso, inoperável, desesperançado e recuo, pois são as palavras dos tolos. Evitarei o desespero, mas se esta doença mental me infeccionar, então continuarei a trabalhar mesmo em desespero. Trabalharei duramente, resistirei e ignorarei os obstáculos aos meus pés e manterei os olhos nos alvos acima da minha cabeça, pois sei que onde termina o deserto árido cresce a grama verde..."

Se você não completou hoje tudo quanto desejava, se está desanimado e se sente desamparado pelos outros, reveja as linhas da velha canção: "levanta, sacode a poeira, e dá a volta por cima".

Na busca da excelência, não fique aí parado. Faça alguma coisa!

Sugestão para leitura:

KIEV, Ari. *Guia para o sucesso diário.*
São Paulo: Nobel, 1999.

"É melhor arrepender-se por ter feito alguma coisa do que por não ter feito nada."

Giovanni Boccaccio (1313-1375)
Escritor italiano

MÃOS À OBRA!

"Não o que o homem é, apenas o que ele faz é patrimônio que não poderá perder jamais."

Friedrich Hebbel (1813-1863)
Poeta e dramaturgo alemão

Quando combinadas, estas podem ser as três palavras mais assustadoras. As pessoas sabem o que querem, sabem o que fazer para consegui-lo, então as palavras mágicas surgem naturalmente – mãos à obra.

Em 1948, um engenheiro chamado Theodore Elliot resolveu um problema que tinha travado o comércio por décadas. Durante anos, fazendeiros e comerciantes desejavam uma ferrovia que iria de Nova Iorque até o Canadá. Construíram essa ferrovia, mas era necessária uma ponte para atravessar o rio Niágara. Os esquemas tradicionais de construção da ponte simplesmente não funcionavam. Mas Elliot formulou uma solução brilhante – a primeira ponte pênsil. Ele previu torres-suporte de sete metros e vinte de altura por dois metros e meio no lado das impetuosas e barulhentas águas do rio Niágara. Das torres, ele suspenderia um cabo que em volta suportaria a ponte.

Mas ele tinha um problema: como poderia começar? Não havia modo de trabalhar de um barco naquele ponto do rio. Não havia nenhuma linha litorânea para trabalhar a partir dela, somente desvios e penhascos rochosos. E ele sabia que começar já era metade do caminho.

Então, decidiu começar por amarrar um cabo de um lado do rio ao outro.

– Um cabo feito de 36 fios de arame seria espesso e forte o suficiente para suspender duas caçambas capazes de levar dois operários. E eles poderiam ir de um lado para o outro e começar a construção da ponte, disse Elliot.

– Mas como você pode conseguir um cabo de aço tão grosso que atravesse o desfiladeiro? Alguém perguntou. Você não pode arremessá-lo. É muito pesado!

Elliot ficou confuso por um momento. Então teve uma idéia: por que não fazer um concurso para crianças na vizinhança – uma competição de vôo de pipa? Elliot anunciou o concurso e ofereceu um prêmio de dez dólares para o primeiro menino que pudesse empinar uma pipa através do desfiladeiro e prendê-la do outro lado. Surgiram muitos concorrentes, pois naquele tempo, dez dólares era muito dinheiro para um garoto. Mas ninguém foi bem-sucedido no primeiro dia, até que um menino de onze anos chamado Homer Walsh levou vantagens por causa de um bom vento do sul. Sua pipa foi embora e, em vez de cair, como tinha acontecido com todas as outras, pousou do outro lado do rio. Seu amigo que lá estava esperando, prendeu o fio. Homer recebeu o prêmio!

No dia seguinte, Elliot prendeu a pipa amarrando-a a uma corda bem forte. Ele puxou a corda pelo desfiladeiro, de modo que a atravessou. Então, amarrou aquela corda a uma ainda mais grossa e puxou-a. Esta corda foi atada ao cabo de aço. Para repetir o processo, amarrou o cabo de um lado ao outro do desfiladeiro, assim permitiu que os dois operários voltassem e saíssem para começar a construção da ponte pênsil.

Arremesse! Jogue uma linha! Dê o primeiro passo! Esteja disposto a começar de baixo! Nada de ficar sentado em casa vendo televisão de dia. Você deve simplesmente por suas mãos à obra.

Sugestão para leitura:

ZANDER, Rosamunder Stone. A *arte do possível*.
Rio de Janeiro: Campus, 2001.

"Nós somos o que fazemos. O que não se faz não existe. Portanto, só existimos nos dias em que fazemos. Nos dias em que não fazemos, apenas duramos."

Padre Vieira

O VALOR DA AÇÃO

"'Preciso fazer algo' resolverá mais problemas do que 'Algo precisa ser feito'."

Glenn Van Ekeren

Em 1804, um judeuzinho nasceu na Inglaterra. Sua educação era deficiente. Contínuas vezes ele foi derrotado como candidato ao Parlamento, quando finalmente, aos 32 anos, foi bem-sucedido. Permaneceu na vida política até sua morte, em 1881, tendo sido feito Conde, em 1876.

Eis um homem que lutou durante a vida inteira para subir sempre mais alto. Ele foi aquilo que aprendeu "ser e fazer".

Seu nome: Benjamin Disraeli, Primeiro Ministro da Grã Bretanha.

As coisas que você quer realmente podem determinar seus atos, o ambiente que irá procurar, e onde focalizará suas ações. Alcançaremos nosso sonho quando fizermos o trabalho necessário. As boas notícias são que realizaremos nossos sonhos. As más é que deveremos trabalhar. Perseguir nosso sonho requer ação; trabalho mental, emocional e físico. Você decide. Seu futuro jaz em suas mãos.

Recordo-me de uma interessante parábola que retrata bem esta situação.

Na Antigüidade viveu um venerável ancião que era considerado como oráculo dos deuses. Um astucioso jovem concebeu um plano para o confundir em sua sabedoria. Aprisionando um pequeno pássaro em sua mão, o jovem perguntou ao velho.

– O pássaro está morto ou vivo?

Se a resposta fosse: "morto", o jovem libertaria a ave. Se fosse "vivo", ele a esmagaria. Em ambos os casos ele provaria que o ancião estava errado.

O sábio, entretanto, respondeu apenas:

– Como queiras, meu filho.

Seu futuro é como o pássaro: pode ser esmagado e reduzido ao fracasso, ou pode abrir suas asas ao vôo sublime. Como queiras. O pássaro do destino jaz em suas mãos. Creia-me, seu destino não é coisa predestinada, como flecha dirigida a um rumo certo. É, antes, determinado pelo seu ideal, pela coisa que você quer, por crer que há de lhe trazer felicidade e pela sua atitude.

Vê, então, que tomar o controle de seu destino não é assunto tão simples. Muitos, entre nós, desistimos do intento aos trinta, quarenta ou cinqüenta anos; aceitamos o que a vida vai desenrolando para nós e resignamo-nos ao destino que outros nos traçaram. Poucos, entretanto, continuam afixando alvos novos e elevados, prosseguindo na luta, vencendo de quando em quando e extraindo jubilosa emoção, tanto do combate como da vitória.

Ação. Esta é a palavra chave. Aquilo que você quer e como você age é muito mais importante do que qualquer imaginária limitação de sua herança.

Você pode controlar seu destino.

***Sugestão para leitura*:**

WILLIANS, A.L. *Querer é fazer.*
Rio de Janeiro: Nova Fronteira, 1990.

"Se desejamos avançar além das superficialidades de nossa cultura... precisamos estar dispostos a descer aos silêncios renovadores."

Richard Foster

PAUSA PARA TOMAR UM FÔLEGO

"Uma vida sem reflexão não vale a pena ser vivida."

Sócrates (470-399 a.C.)
Filósofo grego

Vivemos nosso dia-a-dia a um passo tão acelerado que, muitas vezes, não vamos além do nível mais superficial. Lemos revistas e livros "por cima". Surfamos pelos programas de televisão. Compramos nossa comida "para viagem" e a comemos no caminho do nosso próximo destino. Ouvimos "pedaços" de opiniões nos noticiários noturnos e deixamos mensagens de trinta segundos na secretária eletrônica.

Gastamos a maior parte do nosso tempo e energia num tipo de pensamento horizontal. Movemo-nos na superfície das coisas indo de um lado para outro, muitas vezes com uma pressa que nos cansa.

Os deveres apressados e sem trégua da vida, muitas vezes, fazem com que declaremos com um suspiro: "Eu estou cansado." Estamos falando mais verdade do que percebemos!

Isto me lembra um dos casos mais misteriosos de pessoas desaparecidas que já existiu.

Em Agosto de 1930, Joseph Crater, com 45 anos de idade, despediu-se dos amigos num restaurante de Nova Iorque, entrou num táxi e foi embora. Nunca mais se ouviu falar dele. Cinqüenta anos de investigação e pesquisas ofereceram inúmeras teorias, mas nenhuma conclusão. Desde que Crater se tornara um bem-sucedido Juiz do Supremo Tribunal de Nova Iorque, muitos suspeitaram de assassinato; entretanto, nenhuma pista sólida jamais foi descoberta. Outras opções surgiram: seqüestro, envolvimento com a máfia e, até mesmo, suicídio. Uma busca em seu apartamento revelou esta pista: um bilhete e um cheque, ambos em nome da esposa. A quantia escrita no cheque era bem grande e o bilhete dizia simplesmente: "Estou cansado demais. Com amor, Joe.".

A nota talvez não passasse de um pensamento no final de um dia duro. Ou, quem sabe, significasse muito mais – poderia ser o epitáfio de um homem desesperado.

O cansaço pesa. Não estou me referindo ao cansaço físico provocado pelo esforço no trabalho, por exemplo, nem ao esgotamento mental que se segue a um dia de decisões difíceis. Nada disso. O cansaço que atacou o juiz Crater é bem pior. Trata-se do cansaço que surge pouco antes de você desistir por completo. É o pai desanimado, a criança abandonada, o aposentado com tempo nas mãos. É aquele ponto na vida em que a motivação desaparece, os filhos ficam adultos, perde-se o emprego, a esposa morre. O resultado é um cansaço profundo, solitário, frustrado.

Reflexão, o tempo para contemplação, é o remédio para este tipo de cansaço.

Há duas maneiras de seguirmos nossa vida movimentada. Uma, é parar de pensar. Outra, é parar e pensar. Muitas pessoas vivem da primeira maneira. Elas preencherão cada hora com atividades incessantes. Não ousam ficar a sós. Não há tempo de reflexão silenciosa em suas vidas. A segunda maneira, parar e pensar, é contemplar o porquê da vida e para que a vivemos.

A palavra refletir deriva de dois termos latinos: *re*, que significa "de novo" e *flectere*, que significa "voltar, dirigir-se". Sendo assim, refletir é "voltar de novo" a algo, como um espelho devolve a imagem, dando a oportunidade de olharmos mais atentamente. A reflexão nos dá a oportunidade, durante o dia, de avaliarmos com mais atenção o que nos cerca, as pessoas à nossa volta e nós mesmos. Ao longo do dia de hoje, dê a si mesmo "mini-férias" de cinco a dez minutos. Permaneça sozinho, fique quieto e ouça o que seu coração tem a lhe dizer.

Desejo que tanto você quanto eu encontremos momentos assim em nossas vidas, porém, é necessário diminuir o ritmo. E, para nos apropriarmos desses momentos, é preciso parar para tomar um fôlego.

Sugestão para leitura:

GIRE, Ken. *Vida de meditação*.
Rio de Janeiro: Textus, 2001.

MARINOFF, Lou. *Mais Platão menos Prozac*.
Rio de Janeiro: Record, 1999.

"A solidão é, para a alma, o que o jejum é para o corpo: fatal se for prolongada; mas necessária de vez em quando."

Marquis de Vauvenargues (1715-1747)
Soldado e moralista francês

ASSASSINO ENGAIOLADO

"... quem sabe se um pouco de reflexão já não ajude bastante?"

J. C. Caspari

Aconteceu há muitos anos.

Um psicólogo e pesquisador de uma conceituada universidade estava convencido de que poderia comprovar suas teorias mediante uma gaiola cheia de ratos. Seu nome? Dr. John Calhoun. Sua teoria? As condições de superpopulação cobram uma taxa pesada da humanidade.

O Dr. Colhoun construiu uma gaiola quadrada para abrigar uns camundongos escolhidos. Ele os observava atentamente enquanto o número deles aumentava. Iniciou com oito ratinhos. A gaiola foi planejada para conter, confortavelmente, uma população de 160 animais. Ele permitiu que os ratos procriassem, e chegassem a 2.200.

Os animais não foram privados de nenhuma das necessidades vitais, exceto privacidade – não havia tempo, nem espaço para solidão. O alimento, a água e outras provisões sempre estavam limpos e em abundância. Mantinha-se uma temperatura agradável. Não havia doenças. Todos os fatores de mortalidade (exceto a idade) foram eliminados. A gaiola era ideal para os camundongos poderem escapar fisicamente do ambiente fechado. O Dr. Calhoun estava interessado, de modo especial, em como eles se arranjariam na gaiola superlotada.

Foi interessante que, quando a população atingiu aquele pico, a colônia de ratos começou a se desintegrar. Coisas estranhas começaram a acontecer. O Dr. Calhoun anotou o seguinte:

- Os animais adultos formaram grupos naturais de cerca de uma dúzia de camundongos.

- Em cada grupo, cada camundongo adulto desempenhava uma função social particular. Contudo, não havia funções nas quais pudessem colocar os camundongos jovens, sadios, o que dilacerou a sociedade inteira.
- Os machos, que haviam defendido seus territórios, abandonaram a liderança que exerciam.
- As fêmeas se tornaram agressivas e expulsaram os mais novos... até mesmo suas próprias crias.
- Os mais novos cresciam apenas para se tornarem auto-indulgentes. Comiam, bebiam, dormiam, se arrumavam, mas não demonstravam a agressividade normal. O fato mais digno de nota: não conseguiam se reproduzir.

Após cinco anos, todos os camundongos haviam morrido. Tal fato aconteceu apesar de haver abundância de comida, água e ausência de doenças, até o fim. Após o psicólogo e pesquisador haver relatado suas experiências, duas perguntas significativas foram levantadas:

Quais foram as primeiras atividades a cessarem?

As atividades mais complexas para os camundongos: o namoro e o acasalamento

Que resultados produziriam a superpopulação sobre a humanidade?

Em primeiro lugar, cessaríamos de reproduzir nossas idéias e junto com as idéias, nossos objetivos e ideais. Em outras palavras, perderíamos nossos valores.

Confesso que fiquei um pouco assustado com essa experiência.

Sim. Eu sei! Eu sei bem que não somos camundongos. E não estamos engaiolados. E não sofremos tão forte superlotação. Parece, todavia, que em algumas grandes cidades do mundo estamos chegando perto, bem perto!

No entanto, a experiência comunica algumas analogias que vale a pena considerarmos. Dê uma olhada outra vez naquela lista de observações e tire as suas próprias conclusões. Não deixe passar em branco aquela dupla de observações de Calhoun: uma delas é realmente uma observação, a outra, uma opinião.

A observação: "Os mais novos... não conseguem se reproduzir".

A opinião: "... perderíamos nossos valores".

Embora tenhamos prometido a nós próprios que este ano seria diferente, muitos de nós continuamos a lutar contra um polvo teimoso, de oito braços tentaculares, chamado ocupação. Nos esforçamos demais, andamos depressa demais, tentamos fazer o máximo. Estou certo? A tirania do urgente enroscou seus poderosos tentáculos ao seu redor mais um ano, não é verdade? Você está consciente de que faltou tempo para estar a sós. Nessa agitação toda você perde a capacidade de pôr ordem em seu mundo particular. J. C. Caspari fez uma recomendação muito interessante na apresentação do meu livro primeiro. Disse ele: "É sempre bom reservarmos os momentos para refletir, assim como os momentos para juntar as pontas de nossos caminhos e avaliarmos nossa evolução rumo aos objetivos pensados. Como também é bom reservarmos os momentos para gozar em nossa paz interior os resultados alcançados e levantarmos um silencioso brinde: à nossa saúde.".

Aprenda uma lição singular desses camundongos aprisionados. O mesmo assassino está solto... não se trata da falta de alimento e água, nem da falta de saúde e de atividades, mas a falta de tempo para estar a sós e refletir, longe da multidão. Continue nesse esquema apertado, superlotado e deixará de reproduzir as qualidades pelas quais vale a pena viver...

Lembre-se da experiência desenvolvida há muitos anos. Nem uma criatura sequer sobreviveu às condições de abarrotamento e superpopulação, entretanto, a lição fala bem alto e claro a nós, agora mesmo.

Reflita sobre isso.

Sugestão para leitura:

SWINDOLL, Charles. A *busca do Caráter*.

"Chorar é um valioso redutor de estresse e faz muito bem a você. Não é preciso esperar um funeral."

Lois Levy

UMA LINGUAGEM QUE TRANSCENDE AS PALAVRAS

"O que acontece com todas aquelas lágrimas que não derramamos?"

Jules Renard

Você está cercado pelas lágrimas. As pessoas choram perto de você e, às vezes, você mesmo chora. Embora este fenômeno de verter água dos olhos em momentos de dificuldades emocionais seja um dos maiores mistérios deste planeta, a maioria das pessoas não entende muito claramente a razão deste comportamento, nem porque chorar comove tanto os outros.

Choramos pelos motivos mais diversos: felicidade, tristeza, frustração, raiva, medo, dor. Choramos também por ver outras pessoas sofrendo.

Embora a composição química de todas as lágrimas derramadas nas mais diversas situações seja a mesma, os significados são vários.

Procure, por exemplo, a palavra manga no dicionário e verá que, embora seja escrita da mesma maneira, pode ter significados diferentes nos vários contextos em que aparece. A camisa tem uma manga e isso é diferente da manga que nasce na árvore. Por outro lado, uma pessoa que manga de outra não tem nada a ver com os outros dois significados. E há, ainda, o cavalo manga-larga, que é diferente de todos os anteriores.

As lágrimas que vêm aos nossos olhos no momento em que uma lata de óleo cai em nosso pé ou por causa de uma irritação causada por corpúsculos estranhos ou por cortar cebolas são diferentes daquelas que aparecem quando vemos uma fotografia ou nos lembramos de uma pessoa que amamos muito. E estas são diferentes daquelas que nos vêm quando nosso time vira o jogo no último minuto vencendo o campeonato.

As lágrimas são a língua da alma e, como em qualquer outra língua, o significado das palavras não é determinado pela definição do dicionário, mas sim, pelo contexto no qual são usadas. Algumas vezes o contexto de nossas lágrimas, ou das de outras pessoas, jaz na memória mais profunda da alma. As lágrimas têm um poder especial de nos levar de volta no tempo, forçando-nos a prestar atenção à memória, descobrindo no passado o que precisa de cura e, talvez, de perdão, de compreensão, ou simplesmente de uma homenagem com uma lembrança cheia de gratidão.

Embora sejam mais difíceis de se definir, as lágrimas são mais expressivas do que as palavras. Também mais difíceis de esconder, porque os motivos que nos levam a chorar revelam quem somos. Nossas lágrimas afastam a cortina, revelando a identidade de nosso verdadeiro ser que, com muita freqüência, é escondido dos outros, como um segredo com vida própria.

As lágrimas não apenas revelam nosso verdadeiro ser, elas renovam nossa alma, restauram relacionamentos e, algumas vezes, em um momento divisor de águas, chegam a redirecionar o curso de nossa vida.

As "verdadeiras" lágrimas contêm altos níveis de substâncias tóxicas que o corpo evidentemente elimina através do choro. Isso é uma boa notícia. Mais um meio de eliminarmos o "lixo" que acumulamos. Pense que chorar é como limpar seu guarda-roupa ou, melhor ainda, jogar fora o lixo da casa (nenhum de nós limpa os armários e os guarda-roupas com freqüência bastante para usar esse fato como metáfora). Precisamos de um bom choro de vez em quando. Chorar faz muito bem a você. Não é preciso esperar por um funeral.

Vamos, chore. Não sinta vergonha!

***Sugestão para leitura*:**

KOTTLER, Jeffrey A. A *linguagem das lágrimas*.
São Paulo: Makron Books, 1997.

"O maior dom que Deus nos concedeu foi o livre-arbítrio. O livre-arbítrio põe sobre os nossos ombros a responsabilidade por fazer as melhores escolhas possíveis."

Elisabeth Kübler-Ross
Psiquiatra suíça radicada nos EUA

NOSSAS ESCOLHAS

"Não importa até onde você tenha trilhado o caminho errado, volte."

Provérbio turco

Na manhã de 28 de Janeiro de 1986, na costa da Flórida, o ônibus espacial Challenger foi lançado da plataforma e começou a subir em direção ao céu. Depois de setenta e três segundos de vôo, a nave explodiu e o céu azul foi tingido por trilhas de fumaça e fogo. Grandes pedaços do ônibus espacial caíram no oceano e com eles, sete corpos, os tripulantes.

Que tragédia! Como muitas outras tragédias, elas acontecem por causa da "escolha" de alguém. Alguém escolheu tomar uma decisão, uma decisão errada. Aconteceu um problema com os anéis de vedação, conhecidos como O-*rings*. Estes anéis têm a função de impedir que os gases vazem durante o lançamento, período em que o foguete está sob maior pressão e esforço. Eles funcionaram em todos os outros lançamentos. Naquele dia, não funcionaram. Mas, houve um aviso de que os anéis poderiam não suportar condições como aquelas. A temperatura do ar havia descido abaixo de zero, tornando os anéis rígidos e quebradiços. Alguém já havia alertado sobre essa possibilidade, mas os responsáveis não deram ouvidos, optaram pelo lançamento. O resultado foi que o combustível pressurizado vazou pelos anéis e entrou em combustão.

Por que tal decisão foi tomada? Talvez por orgulho. Talvez pela pressão de cumprir prazos a qualquer custo. Mas foi uma escolha errada.

Você já fez escolhas que explodiram diante de seus olhos? Já fez alguma opção que mais tarde gostaria de não ter feito? A maioria de nós já passou por isso uma vez ou outra.

Todos nós já fizemos escolhas que não deram muito certo. Às vezes, isso acontece porque a decisão não é tomada na hora certa. Por exemplo, tomar uma decisão quando estamos com raiva. Você já tomou decisões quando estava com raiva? Sim? E quais foram os resultados? As coisas saíram do jeito que você queria? O que você gostaria de ter feito de modo diferente?

Quais decisões você tomou quando estava ansioso ou preocupado? Foram boas ou você preferia ter esperado? O que você vai fazer da próxima vez?

William James, um pioneiro na filosofia e na psicologia, disse: "A vida não passa de um conjunto de escolhas simples – práticas, emocionais e intelectuais – organizadas sistematicamente para nossa grandiosidade ou desespero". Ao lhe perguntarem se essas escolhas poderiam ser alteradas, respondeu: "Sim, uma de cada vez. Mas não podemos esquecer que não são apenas nossos grandes sonhos que moldam a realidade... As pequenas escolhas nos levam irresistivelmente em direção ao nosso destino".

O verdadeiro crescimento pessoal acontece quando começamos a assumir a responsabilidade pela nossa vida, reconhecendo que tudo o que fazemos é uma escolha. Tornar claro que nossa vida é formada pelas escolhas feitas nos impede de representar o papel de "vítimas". Se fizermos escolhas que não nos agradam, não é por isso que precisamos viver infelizes, podemos trocá-las por escolhas que gostamos mais. E se estas ainda não derem certo, podemos escolher de novo. Isso é ótimo!

Entretanto, nunca deixe de refletir, ponderar e pensar nas conseqüências de uma escolha, você poderá economizar tempo, dinheiro, evitar conflitos e aborrecimentos.

A propósito, o que você está escolhendo? Como isso funciona na sua vida? Que tipo de escolha você gostaria de fazer? O que impede de fazê-las? Escolha de novo. Aliás, você leu este texto. Por que escolheu lê-lo? Gostou da sua escolha? Não!? Escolha outro.

Sugestão para leitura:

SHER, Barbara. *Eu poderia fazer qualquer coisa*.
Rio de Janeiro: Objetiva, 1996.

Riscos

"Rir é correr o risco de parecer tolo.
Chorar é correr o risco de parecer sentimental.
Estender a mão é correr o risco de se envolver.
Expor seus sentimentos é correr o risco de mostrar
seu verdadeiro eu.
Defender seus sonhos e idéias diante da multidão
é correr o risco de perder as pessoas.
Amar é correr o risco de não ser correspondido.
Viver é correr o risco de morrer.
Confiar é correr o risco de se decepcionar.
Tentar é correr o risco de fracassar.
Mas os riscos devem ser corridos, porque o maior
perigo é não arriscar nada.
A pessoa que não corre nenhum risco não faz nada,
não tem nada e não é nada.
Elas podem até evitar sofrimentos e desilusões,
mas elas não conseguem nada, não sentem nada,
não mudam, não crescem, não amam, não vivem.
Acorrentadas por suas atitudes, elas viram escravas,
privam-se de sua liberdade.
Somente a pessoa que corre riscos é livre."

Autor não identificado

ASSUMINDO RISCOS E ROMPENDO BARREIRAS

"E o problema é que, se você não arrisca nada, corre um risco ainda maior."

Erica Jong
Escritora americana

Experimentar algo novo pode ser assustador e até perigoso, mas pode ser também uma das sensaçoes mais estimulantes da vida.

Assumir um risco significa extrapolar sua zona de conforto e fazer alguma coisa sem garantias. Significa dar ouvido ao borbulhar, prestar atenção nas bolhas internas da excitação. Honrar a luz em seus olhos. Significa que você está fazendo uma coisa que não é lógica, racional, nem sensata, mas sim, intuitiva. Significa ir contra o bom senso tradicional e realmente dar ouvidos ao canto de seu coração. Assumir um risco não é imprudência, mas também não é necessariamente sempre sensato. Em geral, fica mais ou menos no meio dos dois.

Os rompedores de barreiras são pessoas cheias de propósitos, que acolhem a aventura e ficam forçando a si mesmas a sair de seu conforto estabelecido e entrar em zonas de alta realização. Elas são pessoas que aprendem a superar a força amortecedora do hábito e da rotina em suas vidas, pessoas que transcendem o "bom o bastante" e aprendem como exigir o melhor de si mesmas com freqüência.

Correr riscos requer autoconfiança e disposição para cometer erros. Se todas as expectativas se realizam ou não, há sempre uma exuberância de coisas a aprender com a experiência.

Como você saberá que deve assumir um risco? Quando o chamado da emoção for tão poderoso quanto um imã, quando dominar você e não soltar mais, quando você estiver pronto e disposto a aceitar o resultado que vier. É assim que você saberá que é a hora da virada.

Entre o mundo seguro que você está e a nova vida que deseja criar existe um abismo. Cabe a você construir a ponte inicial entre esses dois mundos. O desafio aparece depois de feito o que tem de fazer. Aí você descobre que depois de tudo o que fez – todo o raciocínio, a pesquisa, a avaliação e a tomada de decisão – não pode saber de nada até entrar na experiência.

O último centímetro, ou quilômetro, é a zona desconhecida. Você só pode conhecer a resposta abandonando o que sabe e mergulhando fundo. É nesse momento que temos a sensação de estar pulando no vazio. Quando você ergue o pé da frente para avançar, o de trás precisa sair do chão antes do outro descer para a terra novamente. Essa sensação de "perder o chão" é o momento em que assumimos o risco. Sem nada embaixo, e sem nada em que se agarrar. É preciso confiar totalmente em si mesmo. A sensação é a mais próxima possível de um vôo emocional.

O anúncio da Nike diz: "Simplesmente faça!" Claro que é mais fácil falar do que fazer, mas existe um ponto em que não resta mais nada a fazer. Depois de satisfazer a necessidade de informação e de conhecimento, responda todas as perguntas que estão na sua cabeça, peça a opinião de todas as pessoas que conhece, procure na internet, leia tudo o que lhe cair nas mãos. É a hora de ir fundo ou desistir.

Charles Lindbergh não desistiu quando decidiu voar sobre o Atlântico, sozinho, num avião monomotor. Será que ele teve medo? Certamente ele teria se nunca tivesse voado antes ou se não soubesse nada sobre aviões. Se ele não confiasse no construtor ou nos mecanismos do avião, talvez ele tivesse um bom motivo para ficar ansioso. Ele certamente seria considerado um tolo caso decidisse fazer a viagem sem um planejamento prévio.

Mas nenhum destes fatores aconteceu no caso de Lindbergh. Ele era um piloto e mecânico experiente que passava meses supervisionando, pessoalmente, a construção de seu avião. Ele participou do planejamento de cada detalhe de seu vôo histórico. O resultado final foi uma viagem segura, cumprida antes do tempo previsto e com combustível sobrando.

De certa forma, "Lindbergh sortudo" criou a sua própria "sorte".

E você? Se resolver que a oportunidade não serve para você, deixe passar. Se resolver que quer aproveitá-la então se aventure nesse mundo desconhecido e assuma o risco.

Está preparado para dar esse salto?

Sugestão para leitura:

CARTER-SCOTT, Chérie. *Se o sucesso é um jogo, estas são as regras*. Rio de Janeiro: Rocco, 2001.

"O medo faz aflorar aquilo que mais tememos."

Viktor Frankl (1905-1997)
Psiquiatra vienense

MUDAR SEM MEDO DE FRACASSAR

"O mundo odeia mudanças. No entanto, é a única coisa que tem trazido progresso."

Charles Franklin Kettering (1876-1958)
Inventor americano e co-fundador
da Delco Eletronics

Você está conseguindo o que quer da vida? Se é como a maioria das pessoas, você deseja amar e ser amado. Quer aproveitar bem o seu tempo de lazer. Quer usar as suas habilidades para aprimorar-se. Quer sentir-se bem e ter auto-estima elevada. Quer mais satisfação no trabalho e menos estresse. Quer superar maus hábitos como, procrastinação, fumar, beber ou comer demais.

Muitas pessoas desejam atingir esses mesmos objetivos, mas poucas conseguem. Por quê? Descobri uma razão simples: a maioria de nós resiste ativamente à idéia de uma mudança, pois é necessário realizar ações positivas. Em poucas palavras, as mudanças que queremos não acontecem espontaneamente. É necessário um esforço adicional à nossa tradicional rotina. É necessário superar o medo de fracassar.

As pessoas que têm medo do fracasso lutam contra as mudanças porque não confiam nelas mesmas para administrar o desconhecido, sem certezas e garantias. Por isso, é importante considerar o fracasso numa perspectiva diferente, como um prelúdio para o êxito, para a vitória e para o sucesso.

Entendo que o fracasso é sempre uma experiência desanimadora. Pensar em si mesmo como um "fracassado" ou ser chamado de "fracassado" é tão depreciativo como ser tachado de "inútil", "perdedor" e "incompetente".

Por causa dessas associações degradantes, a possibilidade de um fracasso faz muitas pessoas pensarem duas vezes antes de tentar algo novo, ou até assumir riscos razoáveis.

Você gostaria de tirar a palavra "fracasso" do seu vocabulário funcional e livrar-se desse medo autodestruidor? Para conquistar isso, aprenda a ver seus esforços de mudança como experiências. Você consegue, se começar a trabalhar como um cientista aplicado. Um cientista ou um engenheiro testa muitas idéias promissoras no processo de descobrir soluções para os desafios, sabendo que muitas tentativas serão necessárias antes de obter sucesso.

Thomas Edison, por exemplo, experimentou milhares de filamentos para descobrir a luz elétrica antes de descobrir qual funcionava. À medida que os meses se transformavam em anos, nenhum filamento durava mais que dois segundos. Finalmente, ele descobriu aquele que produziria luz por um tempo aceitável antes de se consumir em fogo. Quando uma experiência atrás da outra resultava em fracasso, ele não pensou: "Meu Deus, eu errei. É melhor parar agora". Na visão de Edison, ele não cometeu nenhum erro! A cada passo descobria algo válido – que um filamento específico não servia.

De fato, ele viu o processo não como uma série de fracassos, mas como uma única experiência que exigia milhares de passos.

A abordagem experimental de Edison trará muitas alegrias em termos de realizações. Mesmo assim, você terá de enfrentar muitas vezes o desânimo e a frustração. Por quê? Quando você resolve aprender, descobrir e criar não existem garantias de que não vai tropeçar.

O processo experimental é como aprender a ler. Você começa no seu nível de presteza e cresce em competência, à medida que lê livros mais complicados. Quando está lendo bem, o mundo se abre com possibilidades infinitas.

Lembre-se – o erro é uma parte inevitável da vida. É por isso que alguns lápis têm borrachas numa ponta. A maior parte dos erros corriqueiros é contornável, desde que você aja como um solucionador de problema. Dentro dessa perspectiva, perceba que cometer erros é compreensível. É mais importante que sua essência como pessoa continue aceitável, mesmo quando comete uma série de erros. Agora você pode assumir, com convicção, a noção de que não existe fracasso. Há apenas experiências que são positivas, em maior ou menor grau.

Para se ter êxito e ter uma vida bem-sucedida, comece a experimentar sem medo de fracassar.

O sucesso não cai do céu.

Sugestão para leitura:

KNAUS, William J. É *hora de mudar.*
Rio de Janeiro: Rocco, 1999

"Pessoas sérias assumem responsabilidades, os outros procuram culpados."

Daniel C. Luz

Há pessoas que estão prontas para reafirmar seus direitos, embora não estejam prontas para assumir suas responsabilidades."

Vance Havner

1
Faixa 13

PROCURANDO O "BODE"

"É fácil fugir de nossas responsabilidades, mas não podemos evitar as conseqüências de nossa irresponsabilidade."

Sir Josiah Stamp

Gosto muito de uma história do Levítico, no Velho Testamento, sobre uma cerimônia sagrada chamada O *Cordeiro Expiatório*. Naquela época, quando os problemas do povo pareciam não ter mais solução, um cordeiro saudável era levado até o templo e sacrificado. O sumo sacerdote colocava a mão sobre a cabeça do animal e recitava solenemente uma longa lista de problemas e dificuldades. Os problemas eram supostamente transferidos ao carneiro que assumia a culpa pelos problemas, dificuldades e negligências do povo.

Isso acontecia há uns quatro mil anos, mas até hoje nós usamos algo parecido, só que em vez de cordeiro expiatório, bode expiatório. Acusar alguém ou alguma coisa pelos nossos problemas é quase tão velho quanto a civilização – e ainda é uma prática bastante atual. Quando Adão comeu o fruto proibido, ele apontou logo para Eva. "A mulher que você colocou aqui comigo me fez fazer isto", ele disse.

Há uma velha história do tempo em que o imperador Frederico, o Grande, visitou a Prisão de Potsdam. Ele falou com os prisioneiros, e todos os homens afirmaram que eram inocentes, que eram vítimas do sistema.

O Imperador decidiu perguntar a cada um daqueles homens o que havia feito para estar reduzido àquela humilhante condição.

O primeiro homem contou que fora condenado porque um juiz corrupto aceitara suborno de seus inimigos e o condenara injustamente. O segundo prisioneiro disse que seus inimigos haviam subornado testemunhas que depuseram contra ele e assim, apesar de ser inocente, fora condenado. O terceiro contou que tinha sido traído pelo seu melhor amigo, o qual, depois de preso e condenado, livrou-se da prisão. Até que um dos prisioneiros mudou de tom na resposta, quando o imperador se aproximou.

– E o senhor, a quem culpa pela sua sentença? Perguntou o governante.

– Sua majestade, respondeu ele, sou culpado e mereço plenamente a punição.

Surpreso, o imperador gritou para o administrador da prisão.

– Venha logo e tire este homem daqui antes que corrompa toda essa gente inocente.

E assim foi feito. O prisioneiro que assumiu sua culpa e confessou seu crime foi solto e perdoado, enquanto os demais, que não faziam senão inventar justificativas e desculpas para si próprios continuaram presos.

Ninguém quer assumir a responsabilidade por suas ações, decisões, situações ou circunstâncias. Nós culpamos os outros por nossas situações difíceis.

Mais do que nunca, somos hoje peritos em culpar o passado por nosso presente. Somos peritos em culpar nossos pais por nossos hábitos. Somos especialistas em culpar nossos professores por nossa ignorância.

Nós culpamos os cigarros e as companhias de tabaco por nosso câncer. Fiquei chocado ao ouvir no noticiário que uma mulher processou recentemente uma companhia de tabaco pelo fato de ela haver adquirido câncer por fumar seu produto. Eu não posso entender isso. Ela decidiu fumar. Ela absorveu toda aquela matéria-prima para dentro dos pulmões e adquiriu câncer – tudo sozinha. Ela escolheu tragar cancerígenos – ela mesma decidiu fazer isso! Nenhuma companhia veio à sua porta, amarrou-a e lhe enfiou um cigarro na boca!

Pessoas de todas as posições sociais e de todas as etnias caem nessa armadilha: culpar o outro. Negros culpam brancos por seus problemas, da mesma maneira que brancos culpam negros. O pobre culpa o rico, cidadãos culpam seus representantes pela corrupção da nação. No entanto, se os líderes são corruptos numa república democrática, as pessoas estão em falta, porque votaram naqueles que assumiram o poder.

Cometemos algum erro e passamos o resto da vida cuidando apenas de nos justificar, quando a única atitude realmente proveitosa seria assumir que simplesmente, num momento de desespero, fizemos o que preferíamos (hoje!) não ter feito. Ou culpamos alguém que raramente tem algo a ver com o nosso erro. Ou culpamos as circunstâncias, quando o mais simples seria assumir: "bem que eu mereço!"

Nós não podemos mudar o passado, mas podemos determinar a qualidade de nosso futuro. Assuma plena responsabilidade pelo passado, presente e futuro.

Sugestão para leitura:

MUNROE, Myles. *Em busca da liberdade*. Belo Horizonte: Atos, 2001.

COLIANNI, F. James. *The book of pulpit Humor*. N. J.: Ventnor, 1992.

"Há um remédio para toda espécie de culpa: reconhecê-las."

Franz Grillparaer

LIVRE-SE DAS DESCULPAS

"Noventa e nove por cento das falhas são cometidas por pessoas que tem o hábito de arrumar desculpas."

George W. Carver (1864-1943)

"Não foi minha culpa, foi?" Esta é a frase repetida freqüentemente por muitas pessoas. Sempre ouvimos ou falamos esta mesma coisa. Os acontecimentos infelizes, os relacionamentos problemáticos e os desafios diários que surgem em nosso caminho não podem ser, todos, culpa nossa. Normalmente, é o outro sujeito ou circunstância que deve levar a culpa.

George Washington Carver disse: "Noventa e nove por cento das falhas são cometidas por pessoas que têm o hábito de arrumar desculpas". Carver estava familiarizado com a adversidade e poderia ter arrumado uma série de desculpas para não ser bem-sucedido. Mas não foi isso o que aconteceu. Apesar de ter nascido como escravo, ele se colocou acima das circunstâncias. Diplomou-se em agricultura, concluiu um mestrado na Faculdade Estadual de Iowa e dedicou-se a ensinar trabalhadores rurais negros.

Carver desenvolveu um programa de extensão no Instituto Tuskegee, no estado do Alabama, para levar à sala de aula do povo do sul, ensinamentos sobre técnicas agrícolas e economia doméstica. Sua pesquisa resultou no desenvolvimento de centenas de produtos oriundos das colheitas de amendoim e batata doce. Ele fez tudo isso apesar da limitação de recursos e de oportunidades devido à segregação racial. Carver alcançou a excelência nos campos onde a maioria somente encontraria desculpas.

Pessoas malsucedidas sempre encontram razões para o seu fracasso. Mas as pessoas bem-sucedidas não arrumam desculpas, mesmo quando elas são justificáveis. Sem se importar com as circunstâncias, elas extraem o melhor de todas as coisas e continuam seguindo em frente. É isto que significa assumir responsabilidade.

A responsabilidade sempre diz respeito ao presente, nunca ao passado. Ela não torna ninguém errado ou fracassado e não envolve a manipulação. Em qualquer situação de nossas vidas, assumir a responsabilidade significa interpretar as coisas como um mero acontecimento, em oposição à idéia de que elas ocorrem especificamente para nós. Ter responsabilidade implica em você ser o projetista e o construtor de quem você é, o que você tem e o que você faz. Como isso é uma criação sua, você tem de mudá-la se o que vir ao seu redor não for de seu agrado.

Assumir responsabilidade significa abrir mão de seu "direito" de culpar os outros.

Assuma responsabilidade por tudo em sua vida, faça um compromisso de mudar hoje. Trocar as desculpas pela excelência, abre as portas para as demais trocas positivas que você precisa fazer para ser bem-sucedido.

Sugestão para leitura:

RUBINO, Joe. O *poder do sucesso*.
São Paulo: Market Books, 2001.

"Busque o sucesso e não a perfeição. Nunca abra mão do seu direito de errar, pois se o fizer perderá a habilidade de aprender coisas novas e fazer sua vida progredir. Lembre-se de que o medo sempre se oculta por trás do perfeccionismo. O confronto com seus medos e o permitir-se o direito de ser humano podem, paradoxalmente, fazer de você uma pessoa muito mais feliz e produtiva."

Dr. David M. Burns

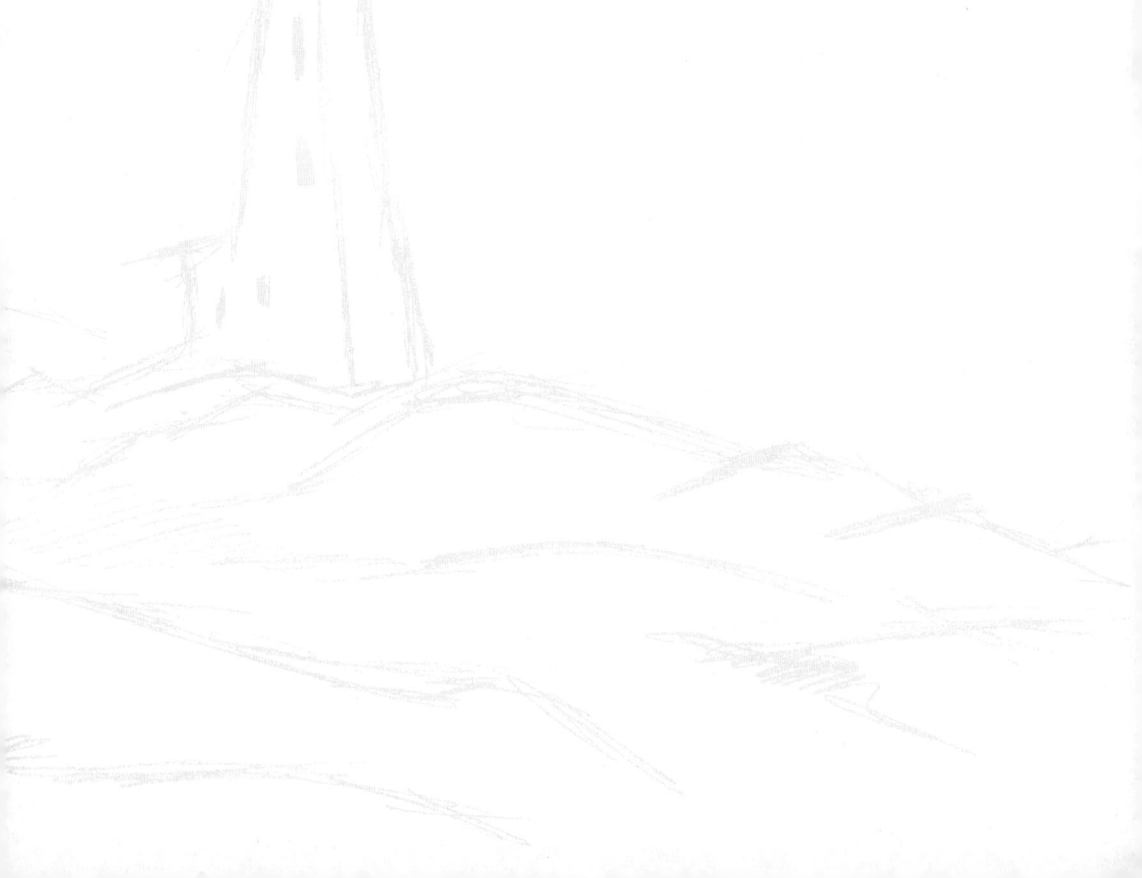

O MESTRE DISFARÇADO

"Experiência é o nome que todos dão aos seus erros."

Oscar Fingal O´Flahert Wills Wilde (1854-1900)
Poeta e escritor irlandês

Um dos mestres disfarçados mais facilmente reconhecíveis são os erros. Estes, obviamente, nos mostram aquilo que precisa de aprimoramento.

Quantos erros você cometeu esta semana? Para uma vida inteira são precisos milhares de erros, se você planeja viver no nível de seu potencial criativo. Quando somos crianças, os adultos nos dizem para não cometermos erros e ficamos confusos. Eles se referem a erros que ameaçam a vida, mas achamos que se referem a tudo.

Veja o quanto você é aberto aos erros. Consegue suportá-los? Consegue rir deles? Você se envergonha de coisas que não consegue fazer bem? Ri de pessoas desajeitadas ou ingênuas? Range os dentes quando alguém que você ama comete um erro? Vive sob a ilusão de que todo mundo o observa e marca quantos pontos você faz? Comece a contar quantos erros você comete por dia e tente aumentar esse índice em 10%. Isso o ajudará a relaxar e crescer. Uma vida cheia e criativa precisa de muitas investidas de tentativa e erro. Tente não mencionar os erros de outras pessoas. Arrisque-se, seja tolerante consigo mesmo e com os outros. Cumprimente os outros pelos riscos que correm e admire sua coragem. Você sentirá mais prazer e estará muito mais perto do que deseja ser.

Os erros parecem ser um auxílio ao aprendizado de valor inestimável e, ainda assim, as pessoas parecem evitar situações nas quais os erros possam ocorrer e, freqüentemente, negam ou defendem os erros cometidos.

Mas, por favor, não me entenda mal. Não estou defendendo a idéia de que devemos fazer tentativas tendo em vista o fracasso. Não. O que afirmo é que quando experimentamos reveses e cometemos falhas, que são inevitáveis, devemos procurar encará-los como ocasiões para crescermos.

Sempre que cometo um erro, posso aprender alguma lição com ele. E os outros também podem. Sempre que alguém comete uma falha, muitos podem obter algum proveito dela, além daquele que errou. Quando os pais, por exemplo, reconhecem seus erros diante dos filhos, estão lhes dando um ensinamento de valor inestimável. Estão lhes ensinando que são humanos e que erram. Então, os pequenos aprendem que não faz mal errar, que isso é parte da existência e é necessário para se ganhar experiência.

Conta-se que um jovem escritor foi entrevistar Thomas J. Watson, o lendário diretor da IBM. No meio da conversa, o industrial lhe deu um conselho bastante inusitado.

"Essa não é bem minha área de atuação." Falou Watson. "Mas quer que eu lhe dê uma fórmula para obter sucesso como escritor? É muito simples: dobre seu índice de erros. Você está cometendo um engano que é comum a muita gente: achar que a falha é inimiga do sucesso. Mas não é. A falha é um mestre para nós. É um mestre meio cruel, mas o melhor que existe."

Em seguida, ele olhou para o moço e dirigiu-lhe uma pergunta crítica:

"Você disse que tem em sua mesa um monte de manuscritos rejeitados? Isso é ótimo! Existe uma razão definida para cada um deles ter sido reprovado. Você já os examinou detidamente para descobrir qual é essa razão?"

Esse homem que conversou com Watson era Arthur Gordon, que acabou se tornando um escritor e editor famoso nos Estados Unidos. Ele procurava o industrial para uma entrevista, mas recebeu algo de muito mais valor: uma nova visão do erro.

Mais tarde ele diria: "Em meu interior algo mudou. Manuscritos rejeitados? Projetos devolvidos? Não deveria me envergonhar de nenhum deles. Eles eram os degraus de uma escada e nada mais. Um homem sábio e paciente me deu uma idéia. Ela era muito simples, mas de grande valor. Quem aprende a tirar lições de suas falhas tem grande probabilidade de chegar aonde deseja."

Se você está aprendendo, crescendo e experimentando coisas novas, espere pelos erros. São parte natural do processo de aprendizagem. De fato, alguém já disse: "Se você não comete pelo menos cinqüenta erros por dia, não está se esforçando o bastante.". O que a pessoa quis dizer, pensamos, é que o crescimento, a descoberta e a expansão trazem erros consigo.

Talvez o maior erro de todos seja evitar situações nas quais se possa cometer erros.

Sugestão para leitura:

OLIVER, Gary J. *Como acertar depois que você já errou.* Belo Horizonte: Betânia, 1999.

GORDON, Arthur. *On the far side of failure.* Reader´s Digest, 1961, p. 22-24

"Diga a você mesmo: 'Eu não sou um fracasso. Falhei ao fazer determinada coisa'. Há uma enorme diferença."

Barbara Sher

2
Faixa 02

O FRACASSO NÃO EXISTE!

"A derrota não é o maior fracasso. O verdadeiro fracasso está em não tentar."

Georg Edward Woodberry

Isso descreve você? A mera possibilidade de falhar num esforço é tão assustadora que você reluta em aceitar um desafio só para evitar qualquer possibilidade de fracasso. Isso ocorre quando você se torna tão apegado a um resultado que lhe falta espaço para agir pelo sucesso. Se você não tiver espaço para o fracasso, também não terá para o sucesso.

Lembre-se de que o fracasso é uma interpretação e não um fato.

Você pensa que fracassou. Você caiu a primeira vez que tentou caminhar, não caiu? Você quase se afogou quando tentou nadar pela primeira vez. Não se preocupe com o fracasso. Preocupe-se com as chances que você perde quando nem mesmo tenta.

Franklin D. Roosevelt disse: "É sensato escolher um método e tentar colocá-lo em prática. Se falhar, admita francamente. Mas acima de tudo, tente".

Em *The Pursuit of Excellence*, Ted. W. Engstrom dá este conselho sobre a importância de tentar: "A partir de hoje, você pode começar a usar e desenvolver seus talentos, e desfrutá-los. Como ponto de partida, arrisque uma coisa pequena – comece pelo dedo do pé e não pelo pescoço.".

"Por exemplo, se você sempre quis escrever, então escreva alguma coisa, um artigo curto, um poema, um relato de suas férias. Escreva pensando que sua obra literária vai ser publicada; depois, a envie para uma editora ou jornal. Se você é um fotógrafo, reúna suas melhores fotografias e inscreva-se em um concurso. Se você acha que é um bom jogador de tênis, ou de qualquer outra modalidade, participe de alguns torneios e veja como se sai. Talvez você não ganhe em primeiro lugar, mas pense no quanto aprendeu com a experiência de simplesmente tentar.".

Quando você se der o espaço para experimentar novos desafios, para aprender com estas experiências e para crescer com o aprendizado que elas oferecem, você será reconhecido ao menos por se esforçar. Sua coragem em tentar o desconhecido criará inúmeras oportunidades para descobertas em regiões anteriormente inexploradas.

Um último pensamento sobre o fracasso. A maioria das pessoas tem horror mortal às falhas. Se isto se aplica a você, anime-se e não leve o fracasso tão a sério. E se você falhar? Siga em frente e jogue plenamente. Se você colher um punhado de fracassos, abrace-os. Não fuja dos fracassos. Quando você compreender que não há nada de mau em falhar, poderá se fortalecer com tantas falhas, até que elas se tornem uma condição sem importância. Agir assim gera espaço ao que é necessário para alcançar o sucesso. No final, sua satisfação virá do fato de você ter feito o melhor que podia. Livre-se do medo de falhar. Mantenha-se firme no que você deseja fazer.

O maior fracasso é... não tentar!

Sugestão para leitura:

HANSEN, Mark Victor. *Ousadia de vencer.* São Paulo: Makron Books, 1998.

"A verdade é perigosa quando é relativa, e catastrófica quando absoluta."

Oscar Fingal O´Flahert Wills Wilde (1854-1900)
Poeta e escritor irlandês

CHEGANDO ÀS CONCLUSÕES

"Nunca sabemos se uma linha é torta, até que colocamos uma linha reta ao seu lado."

Sócrates (470-399 a.C.)
Filósofo grego

O modo como vemos a vida é mais importante do que como a vida é. Examinar a vida à procura de um "significado mais profundo" é uma preocupação comum, e muitas vezes chegamos às conclusões erradas. Supomos que as coisas não são o que parecem, que há um significado escondido no que as pessoas fazem, quando realmente não há.

Um grupo de pesquisadores realizou um estudo no qual mostravam às pessoas um baralho. Em cada uma das cartas, contudo, havia algo errado, algo diferente do normal. O quatro de paus era vermelho, o cinco de ouros tinha seis ouros. O procedimento consistia em mostrar as cartas às pessoas e perguntar o que elas enxergavam.

Vocês acham que as pessoas ficaram surpresas ao ver essas cartas cheias de erros óbvios? Não, porque não os notaram. Quando se pedia para descreverem as cartas que viam, as pessoas respondiam que estavam olhando para um cinco de ouros ou para um quatro de paus. Elas não faziam qualquer menção ao fato de haver erros nas cartas.

Por que isso acontecia? Porque aquilo que vemos não depende apenas do que se encontra realmente à nossa frente, mas também daquilo que estamos procurando – nossas expectativas, nossos pressupostos.

Tom Mullen, em seu livro *Laughing Out Loud and Other Religious Experiences* (*Rindo Alto e Outras Experiências Religiosas*), conta de um engenheiro, um psicólogo e um teólogo que estavam caçando juntos nas florestas do norte do Canadá. Eles encontraram uma cabana isolada, e como a boa hospitalidade é uma virtude praticada pelos que moram na floresta, os caçadores bateram à porta. Vendo que ninguém atendia, eles entraram na cabana e encontraram dois cômodos com um mínimo de mobília e equipamentos domésticos. Não havia nada anormal na cabana, exceto o fogão, grande e barrigudo, feito de ferro – suspenso no ar por arames amarrados às vigas do teto.

– Fascinante, disse o psicólogo, é obvio que esse solitário caçador de peles, isolado da humanidade, suspendeu seu fogão para que possa encolher-se sob ele e vicariamente experimentar o retorno ao ventre materno.

O engenheiro interrompeu:

– Bobagem! O homem está praticando as leis da termodinâmica. Ao elevar seu fogão, ele descobriu uma maneira de distribuir o calor mais uniformemente pela cabana.

– Com todo respeito, disse o teólogo, tenho certeza de que esse fogão suspenso tem um significado religioso. Fogo "exaltado" tem sido um símbolo religioso por séculos!

Os três debateram o assunto por alguns minutos, e então o caçador de peles voltou. Quando lhe perguntaram por que ele tinha pendurado seu pesado fogão barrigudo no teto, sua resposta foi sucinta:

–Tinha bastante arame, mas pouca chaminé!

Senhores da verdade, temam! Não existe verdade absoluta, exceto a essência das coisas que parecem certas. Ninguém sabe mais, apenas tem opinião formada! Tentar impor conhecimento ao seu semelhante não é a saída. Melhor é compartilhar o conhecimento. Tudo é uma questão de interpretação.

Qualquer coisa pode ser vista de ângulos diferentes. Qualquer um de nós conhece pessoas que, embora tenham vivido situações semelhantes, tiveram percepções praticamente opostas. A forma como se vive e se sente os acontecimentos são uma mera questão de perspectiva.

Sugestão para leitura:

FEILD, Reshad. *Passos para a liberdade*.
Rio de Janeiro: Fisus, 2001.

"A verdade é dura como o diamante e delicada como a flor do pessegueiro."

Mohandas Karamchand Gandhi (1869-1948)
Líder nacional da Índia

A PROCURA DA VERDADE

"A verdade pura e simples raramente é pura e jamais simples."

Oscar Fingal O´Flahert Wills Wilde (1854-1900)
Poeta e escritor irlandês

Era uma noite quente de Verão. Duas pessoas estavam andando pela praia ouvindo o barulho suave das ondas e vendo o céu repleto de estrelas. Ambas perceberam alguns fachos de luz no mar. Uma delas era um físico aposentado, daquele tipo de cientista que só pensa no trabalho. A ciência era a sua vida. Ele correu para o carro onde, sendo como era, guardava toda espécie de equipamento científico. Pegou um cronômetro e mediu a duração dos flashes. Pegou um fotômetro e mediu o brilho dos flashes. Montou um espectômetro e registrou o espectro deles, anotou a posição das luzes em relação às estrelas. Enquanto voltava para casa pela orla marítima, parou algumas vezes, tomando notas sobre a localização das luzes e fazendo alguns cálculos por triangulação. Quando chegou em casa, a esposa, percebendo sua inquietação, pergunta:

– Você parece agitado, querido. Viu alguma coisa interessante esta noite?

– Vi, responde ele, deduzo que tenha visto um filamento de tungstênio incandescente, fechado numa cápsula de sílica, emitindo um padrão regular de flashes de radiação visível a uma intensidade de 2.500 lúmens, à distância de uns 850 metros da praia.

A outra pessoa na praia aquela noite era um adolescente voltando da reunião dos escoteiros do mar.

– Você parece agitado, querido. Viu alguma coisa interessante esta noite? Perguntou sua mãe.

– Vi, respondeu o rapaz, vi um barco sinalizando S.O.S. e telefonei para a guarda costeira. Eles mandaram um barco salva-vidas.

Qual deles deu a descrição mais exata daquilo que observaram? Nenhum. Cada um deles deu uma descrição perfeitamente acurada, mas em termos bem diferentes. O físico descreveu o que viu da única maneira como poderia descrevê-lo, dentro dos limites da linguagem, dos conceitos e das unidades de medida reconhecidos pela Física. Se dissesse mais, estaria sendo "não-científico", no sentido de estar ultrapassando o que um físico poderia dizer como tal. A física pode medir fachos de luz e falar sobre eles, mas não entende nada de código morse e de S.O.S. Isso é uma outra área de conhecimento.

Essa história ilustra a limitação de nossos conhecimentos e de nossas experiências, sobretudo quando utilizados para fazer considerações sobre os "outros".

Muitos de nós, muitas vezes, sentimos o impulso de generalizar a experiência pessoal. Esquecemos que os outros são realmente "outros", diferentes de nós. Outras vezes, partimos do falso pressuposto de que todos reagem exatamente como nós. Essa tentação de generalizar é o indício de que só percebemos a individualidade de uma maneira imperfeita. Ainda não entendo completamente quanto cada um de nós é único e original. Por causa disso, sentimo-nos permanentemente tentados a projetar nossas reações nos outros. Se algo nos aborrece ou machuca, supomos que vai aborrecer ou machucar todo o mundo. Quando determinada situação desperta em nós uma reação de preocupação, supomos que todas as outras pessoas se preocupariam nessa mesma circunstância.

Nenhum ser humano sob a face da Terra tem toda a verdade. Cada um de nós tem apenas uma pequena parte dela; mas, se estivermos dispostos a compartilhar nossos fragmentos, nossos pedacinhos da verdade, teríamos todos uma parte muito maior, muito mais completa da realidade total.

Vem-me à mente, a imagem de duas pessoas em lados opostos de uma cerca bem sólida. Um dos lados da cerca está pintado de marrom, e o outro, de verde. Quando a pessoa do lado verde insiste em dizer que a cerca é inegavelmente verde, convida a pessoa do outro lado a contradizê-la: "Não, não é. Sem dúvida, é marrom". É obvio que ambas têm uma parte da verdade, assim como a maioria de nós em nossas discórdias. É difícil imaginar que uma pessoa possa estar inteiramente errada em relação a qualquer problema complexo. Cada um de nós tem uma parte da verdade a compartilhar.

Não é verdade?

Sugestão para leitura:

STONE, Douglas. *Conversas difíceis*.
Rio de Janeiro: Campus, 1999.

"Qualquer um pode zangar-se. É fácil. Mas zangar-se com a pessoa certa, no momento certo, na medida certa, com a finalidade certa, não é fácil e não está ao alcance de qualquer um."

Aristóteles (384 – 322 a.C.)
Filósofo grego

DEMONSTRANDO RAIVA

"A raiva prejudica o repouso da vida e a saúde do corpo, ofusca o entendimento e cega a razão."

Denis Diderot (1713-1784)
Filósofo francês

Todos nós perdemos a cabeça de vez em quando. Talvez isso seja completamente humano. Mas, quando você perde a calma e despeja sua raiva nos outros, está rompendo os elos que unem – chefes e subordinados – num time coeso.

Durante o período em que esses elos de conexão estão sendo refeitos, nós permanecemos num estado de extrema sensibilidade a ataques subsequentes. E, como ficamos na expectativa da raiva, interpretamos qualquer outra atitude como raiva, mesmo que não seja a intenção. Estamos aptos, por exemplo, a interpretar uma brincadeira ou uma piada irônica como ataques sutis motivados pela raiva. Intencionalmente, ou não, acabamos cortando mais alguns elos.

Por mais difícil que seja aceitar isto, todos nós nos tornamos coléricos por escolha própria; ninguém nos faz ficar desse modo. ESCOLHEMOS ficar aborrecidos. E quando estamos realmente enraivecidos – além do que a situação requer – significa que estamos assim por outros motivos. Freqüentemente, nossas frustrações em outras áreas da vida, como por exemplo, problemas conjugais, são levados ao trabalho. Então, alguma coisa aciona a explosão desta raiva. Nossa reação é exagerada, insuflada por nossos sentimentos contidos.

Ameaçamos, berramos e até gritamos, rompendo ainda mais os elos que unem a nossa equipe de trabalho. Lembre-se da observação do grande psicólogo Alfred Adler: "Devemos interpretar o mau humor como um sinal de inferioridade".

Como observou Daniel Webster, a raiva não é um argumento. De fato, a única coisa que a raiva realmente consegue provar é que qualquer um que a tenha provocado conseguiu vencer o autocontrole de outra pessoa. Nós estaríamos todos em melhor situação se lembrássemos o que dizem os alemães: "a única resposta à raiva é o silêncio". Mas uma vez que permitimos à raiva que entre em nosso relacionamento, achamos difícil lembrar que a ira e o perigo são palavras que andam sempre juntas.

Alguns pensadores acreditam que a raiva é meramente um reflexo de nossos medos. Quando entramos em contato com nossos medos, expressamos emoções armazenadas e, quando as expressamos sob forma de raiva, o passo seguinte é dirigir esta raiva para fora. Se não conseguimos direcioná-la contra alguém, a tendência é dirigí-la contra alguma coisa, batendo uma porta ou esmurrando algo.

Devemos pensar sobre o que Viktor Frankl descobriu nos campos de concentração da Segunda Guerra Mundial: "Somos todos responsáveis por nossos próprios sentimentos e atitudes". Se você permite que uma "mínima coisa" lhe provoque uma explosão, se você prefere por a culpa nos outros, então estará deixando que outra pessoa modele suas atitudes.

Reflita sobre isso.

Sugestão para leitura:

JOHN, Ortberg. *Amor além da razão.*
São Paulo: Vida, 2000.

"É melhor engolir palavras de raiva do que ter de comê-las mais tarde."

J. Blanchard
Pastor batista americano

"A raiva é um vento que apaga a lâmpada da mente."

Autor não identificado

SÃO JORGE E O DRAGÃO

"Não somente temos o direito de nos enraivecer, mas em determinadas situações, não estaremos certos senão nos enraivecermos, desde que justamente."

L. E. Maxwell

Um vagabundo ao pedir esmola num vilarejo antigo e pitoresco parou junto a uma pensão que tinha o interessante nome de *Hospedaria São Jorge e o Dragão*.

– Por favor, senhora, pode me arranjar um pouco de comida? Ele pediu à senhora que o atendeu à porta da cozinha.

– Um pouco de comida? Para um vagabundo qualquer, um mendigo? Não! Ela retrucou, áspera.

– Por que não trabalha para viver, como homem honesto? Vá-se embora.

No meio da estrada, o vagabundo parou, olhou para as palavras "São Jorge e o Dragão", após uma breve reflexão, voltou e tornou a bater.

– Agora o que você quer? Perguntou-lhe a senhora enraivecida.

– Por favor, senhora, foi a resposta, se São Jorge também está aí, posso desta vez falar com ele?

Temos, freqüentemente, que pedir pela segunda vez para atravessar o dragão interior das pessoas, não é verdade? Porque há muito mais de dragão do que de São Jorge em todos nós.

Às vezes, vemos São Jorge através de um sorriso, um alô, palavras amáveis. Depois o dragão mostra os dentes com o fogo, enxofre e erupção de ar quente! E com que rapidez e freqüência uma cena segue a outra. Certos dias, você pode defrontar-se com uma fila inteira de dragões, em outros, sente-se como um deles.

Sim, todos nós temos estado de espírito mutável ou recorremos à melancolia. Mas o distúrbio toma vulto quando a frustração de nossos pequenos problemas diários se transforma em irritação; quando o desespero por causa de circunstâncias desfavoráveis nos leva à depressão; quando a agitação com tudo que vai mal com você se transforma em raiva.

E o dragão mostra os dentes.

Por que ficamos com raiva? O que podemos fazer com ela? Qual a sua causa?

Se pudesse colocar um termômetro em suas emoções, verificaria toda uma escala de temperaturas raivosas. Na parte mais baixa do termômetro, as hostilidades gélidas, irracionais, que fazem uma pessoa odiar. Mais para cima, o frio antagonismo de contínua animosidade e velhos rancores. Então, a uma temperatura mais normal, as costumeiras suscetibilidades e irritações. Você reconhece seus sintomas – sensibilidade à flor da pele, impaciência à menor dificuldade, fluxo de palavras ásperas. Daí para diante o mercúrio se eleva. Há flamas temperamentais que lampejam como jatos de vapor. Estas podem se tornar em ódio fervente, escaldante – o sangue sobe, o pescoço e a face enrubescem, o ego não deixa ninguém interferir. E o termômetro alcança o topo quando a fúria explode em violência física – o ponto culminante da raiva.

Para tal extensão, da frigidez do ódio à febre do rancor, as causas conjugadas são muitas. Vamos enumerar algumas situações promotoras de raiva e ver se são familiares.

O ciúme, quando um tipo que não lhe agrada consegue aquela "promoção" que você queria. Ou o ressentimento, quando você comete um erro que o outro não deixa passar (de dez casos de raiva, nove são causados quando alguém fere nossa auto-estima). Ou o insulto, quando alguém o critica ou zomba de sua capacidade para negociar, de sua inteligência, de suas maneiras ou gosto. Pode ser raiva cega que sentimos quando uma tarefa vai mal, as coisas não se encaminham ou o trabalho se amontoa. Pode ser a frustração de se sentir impotente para manter uma situação ou inábil para realizar alguma tarefa necessária.

Obviamente, em todas essas situações, a causa primordial é a mesma. A raiva brota de alguma frustração do ego, quando a auto-estima de alguma pessoa é afetada. Há também razões não egoísticas para a raiva. Você a sente ao ver outra pessoa sendo maltratada ou abusada. Ou a raiva honesta, ao lhe fazerem uma injustiça. Essas raivas são válidas.

Vê-se, pois, que a raiva, como emoção, pode ser boa ou má, benéfica ou nociva. Tudo depende inteiramente das razões, porque se apresentam e do uso que fazemos delas.

A raiva explosiva é sempre um mal necessário, que fere você e os outros. É um desejo violento de punir os outros, infringir sofrimento ou mesmo de se vingar de alguém.

Se a raiva pode ser correta ou errada, como você pode julgá-la ao ser possuído por ela? Ou você simplesmente a rejeita de imediato, englobando tudo sob o título não lisonjeiro de loucura.

A raiva é sempre um vício – ou pode ser por vezes uma virtude? Admitamos que a maioria de nós a considere como vício ou, ao menos, algo menos nobre. Mas será o ódio o rei dos males ou o seu primeiro ministro? Por certo você terá essa impressão ao ver como agimos quando estamos com raiva. A maioria das pessoas mente para não admitir que estão enraivecidas.

– Eu não estou zangado, dizem.

Naturalmente que não! Nunca perdem a paciência! Ou negam o fato, atalhando, como uma pessoa que vi "berrando":

– Não estou erguendo a voz!

Na verdade, a raiva de uma pessoa pode prejudicar os outros, atentando contra suas personalidades, ferindo-lhes a auto-estima, danificando-lhes o equilíbrio emocional. Mas a raiva pode também prestar a outros bons serviços. Pode desafiar injustiças ou corrigir males que os oprimem. Pode investir com rigor contra o mal.

A raiva de Abraham Lincoln, ao ver pela primeira vez um mercado de escravos em Nova Orleans, fê-lo ordenar:

– Fora daqui, rapazes. Se eu vir outra vez uma coisa dessas, vou agir severamente.

A raiva feroz de Tolstoi contra a guerra. A de Ghandi, contra a opressão. A de Martin Luther King contra a injustiça.

Naturalmente, tratamos aqui de uma raiva sutil. Mas pode ser um explosivo perigoso e, se mal empregada, destrutiva.

A raiva é uma emoção válida, natural. Como emoção, não é boa, nem má. Minha raiva é certa ou errada? É uma pergunta que você deve fazer todas as vezes que suas emoções começam a perder as rédeas. E se elas ameaçam explodir – cuidado! Tenha calma.

***Sugestão para leitura*:**

LAHAYE, Thim. *Anger is a choice.*

"Não há problemas que não lhe tragam nas mãos um presente. Você busca os problemas, pois precisa dos presentes."

Richard Bach
Autor do livro Fernão Capelo Gaivota.

DESCOBRINDO ALGO ENCANTADOR

"As pessoas efetivas não pensam em problemas, mas em oportunidades."

Peter Drucker
Escritor, consultor e perito em liderança

De acordo com a lenda, um imperador chinês disse certa vez à sua esposa:

– Tenho notado que nossas amoreiras estão se estragando. Gostaria que você descobrisse o que está errado.

A imperatriz descobriu que uma pequena traça de cor parda estava pondo os seus ovos nas folhas. Os minúsculos ovos eram chocados e se transformavam em larvas que, em poucos dias, teciam casulos e afetavam as folhas.

Imaginando que pudesse destruir os pequeninos casulos, ela mergulhou um deles num vaso de água fervente. Para sua surpresa, o casulo começou vagarosamente a se desenrolar e formar um fio prateado. Após uma nova inspeção, ela verificou que o fio chegava a uma distância de oitocentos metros! Assim, através do processo de resolver um problema, ela descobriu algo deslumbrante – a seda.

Em nossa cultura, vivemos com uma crença fortemente enraizada de que há problemas e que eles são ruins e devem, por isso, ser evitados. Fechamos os olhos para o fato de que classificar algo como sendo um problema é meramente nossa interpretação do que aconteceu, não um fato real. Além disso, com a aparição de problema, vem a interpretação de que algo deve estar errado – com a outra pessoa, com a situação à mão, ou mesmo conosco.

Com esta crença de que não deveriam haver problemas – de que eles são indesejáveis e devem ser evitados a todo custo – se o nosso relacionamento com qualquer pessoa ou situação se mostrarem problemáticos, teremos pouco espaço para utilizarmos o nosso potencial. Para ser direto, simplesmente sairemos da trilha para minimizar nosso desconforto, desviando de qualquer coisa que nos possa conduzir à geração de um problema. Como resultado desta orientação temerosa sobre os problemas, acabamos atribuindo culpas, dando desculpas, reclamando, negando ou então, escondendo ou pisando nos problemas para nos distanciar deles. Evitar os problemas inibe os nossos relacionamentos, a nossa produtividade e a nossa efetividade em lidar com os outros. Estamos tão apegados à nossa crença de que os problemas são ruins e devem ser evitados que nem vemos como esta noção dirige nossas vidas.

Antes de reavaliar a nossa orientação quanto aos problemas, vamos dar uma olhada mais de perto no que constitui um problema. Os problemas só existem quando há uma interrupção ou parada em algum compromisso assumido. Sem haver tal compromisso, o problema parece ter bem menos magnitude e pode nem ser considerado um problema. Por exemplo: se furar um pneu a caminho de seu casamento, isso é um problema significativo, pois o seu compromisso era o de chegar à cerimônia em tempo. Todavia, se você estivesse apenas passando o tempo, dirigindo pelo campo, sem nada importante para fazer e furasse um pneu, isso não pareceria mais do que um mero inconveniente.

Uma desvantagem de nossa orientação sobre os problemas é a de que, ao evitar um problema potencial, também evitamos assumir compromissos que possam vir a dar problemas. Temos um pensamento reduzido, pois não queremos arriscar.

O que você faria de diferente se realmente procurasse pelos problemas e descobrisse o que pode advir deles? Em vez de inferir que os problemas são algo errado, assuma a crença fortalecedora de que os problemas são a fonte do seu crescimento e expansão. Procure os problemas e aborde-os como oportunidades de evolução do seu desenvolvimento. Crie a expectativa de que você sempre encontrará problemas e pare de fugir deles. Os problemas podem ser bons, na realidade! Procure pelo ouro oculto em cada um deles. Descubra algo encantador e desfrute do prazer da solução.

A propósito, algum problema?

Sugestão para leitura:

LYKKEN, David. *Felicidade*.
Rio de Janeiro: Objetiva, 1999.

"Sou tão grato que nunca tenho dias ruins.
Tenho dias de náuseas e dias de sustos;
Dias de cansaço e dias de mágoa;
Dias longos e dias curtos;
Dias silenciosos e dias solitários;
Dias de dor na boca e dias de mãos inchadas;
Dias áridos e dias de diarréia;
Dias chuvosos e dias de sol;
Dias frios e dias quentes.
Mas não tenho dias ruins.
Estou tão grato!"

John Robert Mc Farland
(Now that I have cancer, I am whole)
(Agora que tenho câncer, estou completo)

A ATITUDE DE GRATIDÃO

"A gratidão é um fruto de cultivo aprimorado que não pode ser encontrada entre gente grosseira."

Samuel Johnson (1709-1784)
Escritor inglês

Você é daquelas pessoas que acorda de manhã com uma canção de agradecimento nos lábios? À medida que transcorre seu dia, você tem uma sensação de plena apreciação pela vida? Ou você precisa se esforçar prolongadamente para descobrir algo pelo qual agradecer?

O termo gratidão vem da palavra latina *gratus*, que significa agradável. A interpretação óbvia é que quando se está feliz com alguma coisa, também se está grato. Uma segunda interpretação – a mais radical e por isso minha preferida, é que, quando se está grato, então se está feliz, não por algo em si, mas pela gratidão.

Em outras palavras, para se sentir feliz, sinta-se grato. Temos muito por que nos sentir gratos.

Existem três maneiras de agradecer. A primeira maneira é procurar as coisas boas e agradecer por elas. Tente ver o lado bom das situações mesmo que pareçam, à primeira vista, difíceis ou desagradáveis.

Uma segunda maneira de vivenciar o agradecimento é agradecer antes do tempo por qualquer bem que se deseje na vida. Em outras palavras, criamos nossa vida externa da mesma maneira que criamos nossa vida interna – com pensamentos, crenças e atitudes. A gratidão antecipada é uma atitude de vencedor e nos ajuda a criar e agir na direção daquilo que queremos. Se você deseja um estilo de vida mais próspero, comece a se sentir hoje mesmo como uma pessoa próspera e agradecida. Essa atitude tende a torná-lo próspero.

Uma terceira maneira de vivenciar o agradecimento – talvez a mais difícil e a mais significativa – é agradecer pelos problemas e desafios de sua vida. Ao enfrentar e superar os desafios, ficamos mais fortes, mais sábios e obtemos um maior entendimento. Uma das melhores maneiras de aprender matemática é resolver problemas. Uma das melhores maneiras de se preparar para uma competição atlética é treinar com um concorrente forte e competitivo. Quando superada, a adversidade nos fortalece. Temos que agradecer não pelo problema em si, mas pela força e sabedoria que adquirimos através dele. Agradecer por esse crescimento, antes do tempo, nos ajuda a evoluir através dos desafios e não somente a superá-los.

Como disse Mc Farland no auge de sua doença: "Estou tão ocupado agradecendo as boas coisas que tenho que não me sobra tempo para sentir carência, mágoa ou deficiência.".

À medida que você se torna um apologista da abundância que possui, uma crescente atitude de agradecimento trará maior felicidade e prosperidade para você. A gratidão atrai coisas boas.

Experimente! Comece agradecendo pela dádiva da vida.

Sugestão para leitura:

GRAY, Alice. *Histórias para o coração*.
Campinas: United Press, 2001.

"Azar é quase sempre favorável ao homem prudente."

Joseph Joubert

2
Faixa 04

SORTE OU AZAR?

"A sorte resulta da combinação dos acontecimentos."

Marcus Tullius Cícero (106 - 43 a.C)
Político e orador romano

Conta-se que há muito tempo um homem ganhou um cavalo. Na época, isto era um símbolo de riqueza. Seus vizinhos disseram:

Mas que homem de sorte...

E ele imperturbável, respondeu:

– Talvez, depende...

Um dia o cavalo fugiu... Os vizinhos disseram:

– Mas que homem de azar, teve a alegria para depois perdê-la.

E o homem, mais uma vez respondeu:

– Talvez, depende...

Algum tempo se passou e um dia o cavalo retornou, agora acompanhado de vinte e cinco outros cavalos selvagens... Os vizinhos, todos admirados, então disseram:

– Mas não é que o homem é mesmo um homem de sorte...

O homem, sempre tranqüilo e imparcial respondeu:

–Talvez, depende...

Certa manhã, seu filho foi domar um dos cavalos selvagens e este o derrubou, quebrando-lhe a perna... Então os vizinhos responderam num só coro:

– Mas que homem de azar...

E como sempre o homem respondeu:

– Talvez, depende...

Aconteceu que algumas semanas depois estourou a guerra e todos os jovens foram convocados, morrendo todos. Seu filho, no entanto, estava de perna enfaixada e não precisou ir... Todos os vizinhos, mais uma vez disseram:

– Que homem de sorte...

Os acontecimentos em sua vida diária têm somente o significado que você atribui a eles. Visto de outra maneira, não há sorte nem azar, boas notícias nem más notícias; há somente notícias e fatos. Você tem o poder de escolher suas percepções. Você exercita esse poder de escolha em qualquer circunstância, todos os dias de sua vida. Quando você considerar a importância dessa observação para sua própria vida – na verdade, para a vida de todo mundo – creio que entenderá porque penso que essa é uma verdade profunda.

A idéia expressa pelo psiquiatra e sobrevivente de um campo de concentração, Viktor Frankl, chega ao âmago do que somos. Conceituado psiquiatra vienense, na década de 30, o Dr. Frankl e sua família foram capturados pelos nazistas, e ele esteve três anos no campo de concentração de Auschwitz. Todos os membros de sua família, inclusive seus pais, irmãos e sua mulher grávida foram mortos. Ele próprio sobreviveu por milagre, suportando as condições mais degradantes e abusivas imagináveis. Após a sua libertação pelas tropas aliadas, escreveu *Em Busca de Sentido*, obra influente e atual, iniciada em rascunhos de papel durante o seu confinamento. Desde a sua publicação em 1945, o livro tornou-se um extraordinário *best-seller*, lido por milhares de pessoas em vinte idiomas. Seu sucesso reflete o anseio profundo que as pessoas têm ao tentarem responder à pergunta: sorte ou azar? Uma pergunta, segundo as palavras de Frankl, "que as queimam por dentro".

Num determinado momento de sua prisão, o Dr. Frankl tomou uma decisão vital. Percebeu que se tivesse de sofrer todos os terríveis acontecimentos em sua vida, ficaria louco. Decidiu, em troca, viver segundo o princípio de que "somente conhecemos e viveremos a vida através do significado ou da importância das percepções que atribuímos a ela".

Não há sorte ou azar, más ou boas notícias, apenas fatos, eventos e notícias.

Aliás... tenho uma notícia: você tem muita sorte!

***Sugestão para leitura*:**

VIKTOR E. Frankl. El *hombre em busca de sentido*.
Spain: Herber, 1996.

"O regato perderia sua canção se você lhes removesse as pedras."

Fred Beck

Faixa 05

TODO FIM É UM NOVO COMEÇO

"Há incidentes de um minuto que mudam nossa vida mais que um ano inteiro."

Alexandre Dumas Filho

Um dia, um vento forte e cruel invadiu, sem convite, um ninho tranqüilo, onde vivia uma família de sementes. Esta aragem cruel raptou uma pequena semente indefesa e a levou embora até que, cansada e aborrecida, com toda a aventura, caiu longe e indefesa.

E então, a única semente se viu derrubada em uma terra estranha e desconhecida. Aqui, sozinha e perdida, rolava por uma calçada de concreto, até que parou por um estalo seco no cimento árido. Agora, um salto inocente, desconhecido e hostil de uma bota de couro pisou naquela semente, apertando-a profundamente na fissura. Ela ficou presa. Refugiada. Aprisionada. Descartada. Separada da família. Sozinha. Uma semente órfã, presa firmemente em uma profunda e escura garganta. Indefesa. Desesperada.

Então, aconteceu. Profundamente, dentro do coração daquela semente, despertou uma força de vida milagrosa, mística e estranha que desafiou a morte, a calçada e todo mundo! O coração da semente capturada gritou: – Eu viverei e não morrerei!

Quando a primeira gota da neblina da manhã verteu naquela fissura do cimento, a sementinha estava à vontade e absorvia a umidade cordial. Um punhadinho de pó, movendo-se com a brisa suave, entrou de mansinho na fissura para cobrir a semente lutadora que gritava mais uma vez: – Eu me enraizei e crescerei.

Suavemente, silenciosamente, formou raízes com pelos microscópicos que descobriram afluentes escondidos neste meio ambiente diferente. Lá, nas cavernas e miniaturas escondidas, as gavinhas meigas acharam mais umidade, mais alimentação pulverulenta, até que a semente peregrina, inchada com a determinação, fendeu uma abertura ampla e rompeu-se com uma nova vida. E numa manhã ensolarada e brilhante, uma pequena folha de grama apareceu da fissura da minha calçada, sorriu ao sol, riu à chuva, acenou ao vento e orgulhosamente declarou: "Aqui eu estou, mundo! Eu o faço contra as condições impossíveis! E você também pode!".

Se esta pequena semente podia fazê-lo, você não acha que também pode? Como aquela semente você pode ter sido jogado em um deserto improdutivo. Você se sente como se tivesse alcançado o fim da linha? Talvez você esteja gravemente depressivo e tenha perdido toda a esperança – você tentou e tentou, somente fracassa freqüentemente. Sua vida parece terminar, seus sonhos fracassaram. Seu futuro avultou antes de você, como um inimigo horrível, em vez de como um amigo em potencial.

A boa notícia que eu tenho para você é a seguinte:

TODO FIM É UM NOVO COMEÇO!

Você não tem a menor idéia do que quer porque a sua vida acabou de sofrer uma total reviravolta. Eu aposto como ao longo de todos esses anos em que esteve cuidando de sua vida – família, negócios, casa, finanças – nunca tinha passado pela cabeça que um dia pudesse ter de começar tudo de novo. Como a maioria de nós, você provavelmente esperava que, uma vez que tivesse cumprido o seu tempo e deixado tudo em ordem de funcionamento, pudesse lavar as mãos, colocar os pés para o alto e descansar: a família, os negócios, a casa e as finanças cuidarem de si mesmos impulsionados pelo próprio momento.

Eu não sei de onde é que nós fomos tirar essa idéia.

A mudança não é apenas provável, é inevitável.

Você é demitido (e a sua área de especialização entra em crise). Ou os seus filhos crescem e saem de casa (e você não apenas sente falta deles, como também fica sem emprego). Ou você se aposenta e imagina que agora ficará de férias para o resto da vida, só que o seu temperamento – ou as suas finanças – não toleram o baque. Ou você se divorcia, enviuva ou o seu companheiro fica seriamente doente. Talvez você tenha, subitamente, se tornado um pai ou mãe solteira – e esteja tentando ser pai e mãe ao mesmo tempo, dono-de-casa e único arrimo de família, com o dobro das responsabilidades e a metade dos recursos que costumava ter.

Isso nunca fez parte dos seus planos, então, como qualquer general no campo de batalha, quando o inesperado acontece e toda a operação se transforma – você tem de realinhar as tropas e recomeçar.

O que pode parecer um fim, pode ser somente a desgraça antes do amanhecer de um novo sonho, um novo desafio, uma nova oportunidade, um novo amanhã. Você tem dentro de você o poder de mudar o fim das transições. Você pode abrir caminho através desta fase para um novo plano. Como a semente abriu caminho através do concreto para levantar a cabeça para o luminoso, novo mundo, então você pode abrir caminho através de uma nova e maravilhosa vida.

Começar de novo, pode ser divertido e pode ser feito.

Bom recomeço.

Sugestão para leitura:

SHER, Barbara. *Eu poderia fazer qualquer coisa.* Objetiva, 1996.

"Janeiro é o mês em que fazemos bons votos aos amigos; os outros são os meses em que esses votos não se concretizam."

Georg Christoph Lichtenberg (1742-1799)
Físico e escritor alemão

POR QUE AS RESOLUÇÕES DE ANO NOVO NÃO FUNCIONAM?

"A vida não muda com a virada de uma folha do calendário. A única maneira de mudar a vida é mudarmos."

Georg Christoph Lichtenberg (1742-1799)
Físico e escritor alemão

Cada ano que se aproxima do final nos leva à prática de um antigo ritual, as famosas resoluções de final de ano. Na semana entre o Natal e o Ano Novo nós fazemos sérias considerações sobre como ser uma pessoa melhor e tratamos de fazer algumas anotações. Se somos realmente pessoas sérias, produzimos uma longa lista de coisas a serem realizadas no ano seguinte.

O processo mental por trás desse fenômeno parece funcionar assim:

O dia de Ano Novo não só dá início a um novo calendário, como também nos faz lembrar da importância dos novos começos.

O nascimento de uma criança, o primeiro automóvel, a paixão intensa de um novo relacionamento – tudo isso insufla em nós uma corrente de ar fresco. Começos vêm sempre acompanhados de uma grande variedade de emoções. Está sempre presente um elemento de excitação e de surpresa. O desconhecido envolve um certo aspecto de mistério. Na novidade há também um toque de medo e de apreensão. É como navegar por mares nunca d'antes navegados...

São muitos os que fazem propósitos de Ano Novo. Prometem a si mesmos que esse ano será diferente. Eu realmente vou começar a economizar para a minha aposentadoria. Eu realmente vou perder peso e vou manter a forma. Eu vou ficar mais tempo com a minha família. Eu vou tirar trinta dias de férias. Eu vou pagar todas as minhas dívidas. Eu vou... etc. E, é lógico, tudo isso é psicologicamente direcionado com muitíssimo prazer no primeiro dia do Ano Novo. Mas, ah, como se acaba facilmente todo esse fervor!

Você tenta avaliar o que realizou no ano que passou e é obrigado a enxergar a dura realidade. O tempo passou e você, mais uma vez, desperdiçou as oportunidades que lhe foram dadas para encontrar a sua felicidade.

Compromissos e mais compromissos lhe trazem uma carga de responsabilidade que você havia subestimado.

Na contabilidade de suas ações, encontra uma série de atividades rotineiras e que expressa uma dimensão puramente quantitativa de sua vida: trabalhou tantos dias, dormiu tantas horas, foi tantas vezes a tal lugar, foi promovido, foi tantas vezes à igreja, poupou tanto...

Mas difícil é verificar que os filhos cresceram e você não teve tempo para acompanhá-los em sua vida. Estava muito ocupado com sua carreira, e agora tudo é mais difícil, pois eles também não têm tempo para você. Orientados por seus sonhos, buscam seus momentos de alegria que se afastam dos seus. E você vê neles o você de ontem.

Adiou mais uma vez aquele plano, pois lhe pareceu egoísmo demais pensar em você. O que os outros iriam pensar se, de repente, o "pegassem" pensando em sua própria felicidade. Quanto egoísmo, não é?

Viu companheiros sendo promovidos enquanto amargava a estagnação, pois não teve tempo (ou interesse?) para se desenvolver.

E lá se vão mais sonhos para povoar o fundo do baú.

Na hora em que você deitar sua cabeça no travesseiro, eles o cobrarão, bem despertos. Afinal, eles só existem porque você existe. E só existem para você.

As horas que você perdeu ontem não retornarão jamais. São como os raios de sol que bafejam na sua face por breves instantes e depois se recolhem por trás dos montes levando com eles a seiva da vida.

Entre o quantitativo e o qualitativo, a pessoa influenciada pelas resoluções de Ano Novo só se lembra do fazer e não do ser.

Leva a vida como uma incessante repetição de atividades rotineiras pelos seus papéis: pai, mãe, executivo, filho, aluno, professor...

Acorda no mesmo horário todos os dias, veste o seu traje padronizado, marca a sua presença no local de trabalho como autômato pré-programado. Sai percorrendo os mesmos roteiros: janta, lê (quando lê), assiste à televisão, dorme e acorda no mesmo horário... Tudo certinho!

À sua volta, as oportunidades afloram e são negligenciadas. Você diz:

– A partir de agora, será diferente.

– Vou...

Planos, planos, planos... O que lhe falta?

Por que estas resoluções tão positivas não se convertem em mudanças efetivas?

A felicidade não é gerada por um ano, ela é gerada por homens e mulheres. A vida não muda com a virada de uma folha do calendário. A única maneira de mudarmos a vida é mudarmos a nós mesmos.

Por que você desiste antes mesmo de ter dado os primeiros passos?

Eu gostaria de sugerir uma nova frase que podemos usar para nos saudarmos na passagem do Ano Novo: Feliz *você* novo!

Sugestão para leitura:

MAGER, Robert Frank. *Análise de metas*.
São Paulo: Market Books, 2001.

"É uma regra geral que todos os homens superiores herdam os elementos da superioridade de suas mães."

Jules Michelet (1798-1874)
Historiadora francesa

A MÃE E O SÁBIO

"Deus não pode estar em todos os lugares, por isso criou as mães."

Roberto Duailibi
Autor de Phrase Book

Conta a história que, um dia, uma mulher foi ter com um velho sábio. Em seus olhos brilhantes de lágrimas, pôde o ancião vislumbrar a tristeza. E nos seus lábios sorridentes, descobriu a felicidade.

Disse-lhe a mulher:

– Senhor, hoje, o meu filho se casou e, partiu. Venho buscar na vossa sabedoria e consolo para a minha tristeza.

Perguntou o sábio:

– Estarás, acaso, realmente triste? O sorriso em teus lábios nega o pranto dos teus olhos. E assim como a chuva é o oposto do sol, e juntos, criaram o arco-íris, a tristeza e a felicidade que se juntam em teu coração fazem brilhar o teu rosto. E isso acontece porque sabes que, em verdade, o teu filho não partiu. Pois um homem sempre estará onde estiverem as suas lembranças. E que lembranças mais fortes podem existir que a de uma mãe extremada? Para onde voltará ele os seus pensamentos, quando em busca de consolo, se não para a lembrança de teus braços? Entretanto, não podes deter a marcha do tempo: como não te é possível encarar o vento. Por isso, o teu filho deve seguir. Pois, se não o fizer, como poderá ele conhecer outra mulher e torná-la, também, mãe? Como poderia o amor sobreviver, se estivesse encerrado apenas em duas pessoas?

Disse então a mulher:

– Senhor, agradeço a vossa bondade e a sabedoria das vossas palavras.

Mas eis que o meu coração se debate entre a alegria de ver meu filho preparado para a vida, e a tristeza de vê-lo partir. E como pode alguém encontrar na alegria a razão da própria tristeza? Serei acaso, louca?

Sorriu o sábio e disse:

– Não. És mãe.

Sugestão para leitura:

HEATH, Harriet. *Ensinando valores: criando um adulto admirável.* São Paulo: Madras, 2001.

"O professor é o preservador da civilização."

Dr. Homer Adams
Educador americano

PROFESSOR IDEALISTA

"Pensar em uma nova sociedade é pensar necessariamente em uma nova educação. Que tipo de educação poderá fazer eco às angústias e às esperanças do homem deste final de século? Talvez nós tenhamos a resposta."

Um professor idealista

Sou professor. Nasci no momento em que uma pergunta saltou da boca de uma criança. Fui muitas pessoas em muitos lugares.

Sou Sócrates, estimulando a juventude de Atenas a descobrir novas idéias através de perguntas.

Sou Anne Sullivan, extraindo os segredos do universo da mão estendida de Helen Keller.

Sou Esopo e Hans Christian Andersen revelando a verdade através de inúmeras histórias.

Os nomes daqueles que praticaram minha profissão soam como um corredor da fama para a humanidade... Buda, Confúcio, Ralph Waldo Emerson, Moisés e Jesus.

Sou também aqueles cujos nomes foram há muito esquecidos, mas cujas lições e o caráter serão sempre lembrados nas realizações de seus alunos.

Tenho chorado de alegria nos casamentos de ex-alunos, gargalhando de júbilo no nascimento de seus filhos e permanecido com a cabeça baixa de pesar e confusão ao lado de suas sepulturas cavadas cedo demais, para corpos jovens demais.

Ao longo de cada dia tenho sido solicitado como ator, amigo, enfermeiro e médico, treinador, descobridor de artigos perdidos, como o que empresta dinheiro, como motorista de táxi, psicólogo, pai substituto, vendedor, político e mantenedor da fé.

A despeito de mapas, gráficos, fórmulas, verbos, histórias e livros, não tenho tido, na verdade, nada o que ensinar, pois meus alunos têm apenas a si próprios para aprender, e eu sei que é preciso o mundo inteiro para dizer a alguém quem ele é.

Riqueza material não é um de meus objetivos, mas sou um caçador de tesouros em tempo integral, em minha busca de novas oportunidades para que meus alunos usem seus talentos e em minha procura constante desses talentos que, às vezes, permanecem encobertos pela auto-derrota.

Sou o mais afortunado entre todos os que labutam.

A um médico é permitido conduzir a vida num mágico momento. A mim, é permitido ver que a vida renasce a cada dia com novas perguntas, idéias e amizades.

Um arquiteto sabe que, se construir com cuidado, sua estrutura poderá permanecer por séculos. Um professor sabe que, se construir com amor e verdade, o que construir durará para sempre.

Sou um guerreiro, batalhando diariamente contra a pressão dos colegas, o negativismo, o medo, o conformismo, o preconceito e a apatia. Mas tenho grandes aliados: inteligência, curiosidade, apoio paterno, individualidade, criatividade, fé, amor e riso, todos correm a tomar meu partido com apoio indômito.

E a quem mais devo agradecer por esta vida maravilhosa, que sou tão afortunado em experimentar: a vocês, ao público, aos pais? Pois vocês me deram a grande honra de me confiarem suas maiores contribuições para com a eternidade, seus filhos.

E assim, tenho um passado rico em memórias. Tenho um presente de desafios, aventuras e divertimento, porque a mim é permitido passar os meus dias com o futuro.

Sou professor... e agradeço a Deus por isso todos os dias.

Sugestão para leitura:

MELLANDER, Klas. O *poder da aprendizagem*.
Cultrix

"Você é meu amigo!
Você me dá do seu tempo.
Você me ouve — e me escuta sem que
me sinta julgado.
Você faz com que eu me lembre, rapidamente,
de que tenho qualidades.
Você me ajuda a me curar quando estou sofrendo.
Você me diz a verdade quando ela é útil;
não me diz a verdade quando ela não me ajudará.
Você me mostra, pelo seu comportamento,
tom de voz e sorriso, que é importante para você
que me sinta seguro, confortável, à vontade.
Você me mostra que fica triste quando fere
os meus sentimentos; você permite que eu
mostre que lamento quando firo os seus.
Você não abusa de mim. Nunca. Assegura-se
de que eu saiba que procura proteger-me.
Você me faz pequenas surpresas.
Você encontra palavras que ressaltam
o que há de melhor em mim.
Você me deixa chorar quando tenho necessidade.
Você me encoraja a lhe dizer a verdade
e a admitir quando estou com medo.
É verdade, você é meu amigo e eu preciso de você."

Autor não identificado

SER UM AMIGO

***"Este texto é dedicado ao amigo que mais admiro.
Um amigo cujo contato me aquece.
Um mentor cuja sabedoria me guiou.
Um incentivador cujas palavras me alcançaram.
Um líder que me apraz seguir...
Poucas foram as pessoas que marcaram tão indelevelmente a minha vida.
Não posso expressar outra coisa além de minha eterna gratidão ao meu amigo e Pai, Francisco Luz."***

Daniel C. Luz

O que é um amigo? Se fizermos essa pergunta a dez pessoas, provavelmente receberemos dez respostas diferentes. Se expandirmos a nossa pesquisa, talvez venhamos a descobrir tantas definições de AMIGO, quantos sejam os amigos em questão.

Pensemos, por um momento, no uso que fazemos da palavra AMIGO: "vi um amigo no supermercado ontem à noite", ou, "veja o João, ele é um amigo verdadeiro", ou, "querida, vamos convidar alguns amigos para jantar neste fim-de-semana."

Se alguém insistisse em que déssemos nossa própria definição do que significa SER AMIGO, poderíamos distinguir entre amigos íntimos, amigos distantes, os que vemos todos os dias, no Natal, ou aqueles colegas que reecontramos depois de anos. Mas chamamos a todos de "amigos".

Quando pensamos seriamente no verdadeiro significado de ser amigo, certas qualidades marcantes começam a surgir, tais como lealdade, confiança e franqueza.

Para as amizades incomuns, logo percebemos que o narcisismo ou qualquer outra forma de admiração simplesmente não tem lugar no relacionamento. Pelo contrário, a preocupação com o "eu" tem em si o potencial de matar amizade.

O termo corrente comum para "amigo" na China é "peng yu" mas a sua história retrocede há muitos séculos. O caractere que representa esta palavra é apresentado na forma de uma cauda de fênix. Aos poucos, passou a ter um sentido mais abrangente, que incluía a idéia de "perfeição", a soma total da beleza física.

Com o correr dos anos, a palavra perdeu completamente o sentido literal, enquanto a letra escrita tomou o sentido moderno de amigo, amizade, ou associação íntima.

A beleza exterior visível, sem dúvida, prende a nossa atenção, mas a verdadeira beleza, a beleza íntima – a graça, a verdade e a coerência são irresistíveis. Na amizade, os corações se unem. Como o bando de pássaros que seguiram a antiga fênix para os céus, as pessoas farão praticamente tudo para seguir quem cultivou um coração amigo.

Enquanto esboçava este *Insight*, li uma história interessantíssima sobre uma experiência científica realizada pelo entomologista francês, Jean Henri Fabre. É sobre um tipo de lagarta que caminha em fila, formando longas e ondulantes linhas, na mesma cadência, no mesmo ritmo, sem pensar, nem por um instante em para onde está indo. Essas lagartas apenas seguem o líder.

Na experiência, Fabre colocou um grupo de lagartas em fila na borda de um grande vaso de flores, de modo que a lagarta chefe ficasse praticamente com o nariz colado à cauda da última, contornando a jarra deliberada e lentamente, sem parar. Assim, tornou-se impossível determinar quem chefiava e quem seguia.

Levadas pelo simples instinto, as lagartas deram a volta no vaso de flores durante sete dias e sete noites, até que, finalmente, começaram a morrer uma por uma, vítimas de inanição e cansaço. Todo o tempo, um grande suprimento do alimento que mais gostavam estava bem perto e à vista, mas ficava um pouquinho fora do caminho tão cuidadosamente seguido na borda do vaso. Que mensagem para nós! O que ocorreu com as lagartas, facilmente ocorre com as pessoas. Se o seu hábito de vida não tem sido de se aproximar dos outros amistosamente, permita-me adverti-lo: é difícil mudar. É necessário ter coragem e, talvez, até engolir um pouco de orgulho, a fim de tomar a decisão de seguir um novo e excitante curso da vida – ser um amigo.

O DESAFIO

Se você se gaba de ser uma pessoa fechada, que sempre evitou fazer amigos, apelo que saia dessa concha de isolamento, desça da borda do vaso de flores – caminho esse que não o leva a lugar nenhum – e se determine a fazer amigos.

Comece hoje, dando os seguintes passos:

- Desenvolva o tipo de amizade que nada exija em troca.
- Faça um esforço deliberado e consciente de desenvolver um interesse autêntico pelos outros.
- Comemore com alegria o fato de que cada um de nós é uma criação singular e que, por isso, sempre será necessário tempo, talvez muito tempo, para podermos compreender uns aos outros.
- Dedique-se como nunca a aprender a ouvir.
- Acima de tudo, quando seu amigo precisar de você, simplesmente esteja presente, quer você saiba ou não o que fazer ou dizer.
- Trate os outros com igualdade.
- Empenhe-se em encorajar e elogiar incessantemente os outros.
- Dê o primeiro lugar a seus amigos, colocando-se em segundo plano.
- Acima de tudo, valorize nos outros os seus pontos positivos e as suas qualidades, e não os seus defeitos e as suas fraquezas.

Você se surpreenderá com tudo o que vai acontecer quando tomar a iniciativa de dar a si mesmo aos que o rodeiam, quando fizer o esforço de sair de sua concha para se empenhar em ser um amigo de verdade.

***Sugestão para leitura*:**

BUSCAGLIA, Leo F. *Born for love*.
Slack Inc, 1992.

Um dia, quando você se achar muito importante!
Um dia, quando seu ego estiver no apogeu!
Um dia, quando você tiver plena certeza
de que "não há ninguém melhor do que você".
Um dia, quando você achar que sua partida
deixará um vazio impreenchível,
siga estas instruções bem simples.
E você receberá uma lição de humildade incrível.
Pegue um balde e encha-o de água até a boca.
Coloque a mão dentro, até o fundo.
Tire a mão e o buraco que ali permanecer
terá o tamanho da falta que você fará neste mundo.
Talvez você transmita alegria quando chega.
Talvez agite água em profusão.
Mas, pare, e em pouco tempo verá
que tudo ficou como então.
A intenção deste estranho exemplo
é você fazer sempre o melhor possível,
e sentir orgulho de si mesmo. Mas lembre-se:
não existe nenhum homem insubstituível.

Autor não identificado

PRECONCEITOS

"Preconceito é uma opinião caprichosa sem meios visíveis de confirmação."

Ambrose Gwinett Bierce (1842-1914)
Escritor e jornalista americano

O preconceito está em toda parte. Não existe uma Camelot cintilante para acabar com todos os preconceitos e evitar programação psicológica. A maioria das decisões humanas são tomadas pelas glândulas, não pelo cérebro. Mas algo em nós quer combater o preconceito, a programação, a lavagem cerebral. Detestamos os cordões umbilicais que nos amarram ao passado, destruindo nossa liberdade de escolha.

Dr. Martin Luther King Jr., o corajoso líder dos direitos civis da década de 1960, organizou marchas não violentas que abriram caminho para as manifestações em defesa da igualdade de direitos e da justiça. "Aprendemos a nadar no mar como os peixes e a voar nos céus como os pássaros", escreveu ele certa ocasião, "mas não aprendemos, ainda, a arte de viver juntos como irmãos".

Nossa visão é limitada: somos orientados para uma meta e nos pegamos ignorando um ao outro, sem dar ouvidos nem atenção ao próximo. É possível que cada um de nós esteja apegado a um preconceito: pode ser de raça, cor, sexo, preferência sexual, nacionalidade... Pode envolver crianças, animais, advogados, bispos, colegas de trabalho... Pense bem no que poderia acontecer se examinássemos nossos preconceitos e mudássemos de mentalidade.

Em lugar de ficarmos acomodados ou de perpetuarmos estereótipos, poderíamos ensinar a nós mesmos que existem outros modos de ver e de julgar o próximo e as situações que o envolvem. E a recompensa de tudo isso seria o próprio fato de conseguirmos enxergar algo de positivo numa situação ou pessoa que anteriormente havíamos julgado negativamente.

Você já notou que quando alguém não muda de idéia, é teimoso. Mas, quando você não muda de idéia, é firme e decidido.

Quando seu vizinho não gosta de um amigo seu, ele é preconceituoso. Mas, quando você não gosta do amigo dele, sabe julgar a natureza humana.

Quando ele tenta tratar alguém de um modo especial, está bajulando essa pessoa. Mas, quando você age do mesmo modo, está sendo atencioso.

Quando ele demora para fazer alguma coisa, é preguiçoso. Mas, quando você age do mesmo modo, é meticuloso.

Quando ele gasta muito dinheiro, é esbanjador. Mas, quando você exagera nos gastos, é generoso.

Quando ele encontra defeitos em alguma coisa, é crítico. Mas, quando você age do mesmo modo, é perspectivo.

Quando ele demonstra indulgência, você o chama de fraco. Mas, quando você age do mesmo modo, é gracioso.

Quando ele se veste bem, é extravagante. Mas, quando você usa boas roupas, tem bom gosto.

Quando ele diz o que pensa, é malvado. Mas, quando você age da mesma forma, está sendo honesto.

Quando ele assume grandes riscos, é imprudente. Mas, quando você age da mesma forma, é corajoso.

Não podemos deixar o preconceito tomar nossas decisões, influenciar nossos julgamentos e minar nossas amizades.

Pense nisso!

Sugestão para leitura:

SMOLLIN, Anne Bryan. *Faça cócegas na alma!*
Campinas: Verus, 2000

"O contrário de amor não é o ódio; é a indiferença."

Autor não identificado

AMANDO OS EXCLUÍDOS

"Você começa a morrer quando pára de contribuir."

Anna Eleonor Roosevelt (1884-1962)
Diplomata americana, autora
e defensora dos Direitos Humanos

Ela ficou conhecida como a "Santa da Sarjeta." Aos doze anos queria ser freira. Entrou para a Ordem Loreto ainda adolescente, e lá, foi treinada para ser uma professora. Aprendeu várias línguas e ensinou garotas européias e hindus em uma escola de freiras, por muitos anos, antes de deixar a ordem.

Ela queria ajudar aos pobres, em vez de ensinar as garotas de classes privilegiadas. Apesar dos desafios burocráticos, financeiros e de saúde, seu trabalho se manteve constante no mundo todo. Nos últimos anos de sua vida, concentrou seu trabalho em crianças afetadas pela assoladora epidemia de AIDS, na Índia, e também em crianças abandonadas. Aos noventa anos ela ainda trabalhava, mantendo seu senso de humor, enquanto buscava maneiras de superar inúmeros obstáculos. Sua risada refletiu-se em todas as crianças que ela ajudou e seu legado permanecerá vivo por muitos séculos.

Trabalhou às escondidas por muito tempo antes do mundo descobrir o seu trabalho. Então, em 1979, ela, Madre Teresa, a "Santa da Sarjeta", recebeu o Prêmio Nobel da Paz. Com o prêmio veio o reconhecimento internacional.

Madre Teresa, a fundadora das Missionárias da Caridade em Calcutá, Índia, e ganhadora do Prêmio Nobel da Paz, nos deu um dos exemplos mais visíveis de bondade e de amor aos excluídos.

Outra história interessante sobre este tema, li no livro de Max Lucado:

John Blanchard se levantou do banco, ajeitou o uniforme do exército e observou a multidão que tentava abrir caminho na Grand Central Station. *Procurou avistar a moça cujo coração ele conhecia, mas não o rosto – a moça com a rosa.*

Seu interesse por ela começara treze meses antes, em uma biblioteca da Flórida. Ao retirar um livro da estante, ele ficou intrigado, não com as palavras impressas, mas com as anotações escritas à mão na margem. A letra delicada indicava ser a de uma pessoa ponderada e sensível. Na primeira página do livro, ele descobriu o nome do proprietário anterior, Srta. *Hollis Maynell.*

Depois de algum tempo e de várias tentativas, conseguiu localizar o endereço dela. Morava em Nova *Iorque. Escreveu-lhe uma carta em que se apresentava e lhe sugeriu que trocassem correspondências. No dia seguinte, ele foi convocado para servir, do outro lado do oceano, na Segunda Guerra Mundial. Durante os treze meses seguintes, os dois passaram a se conhecer por correspondência. Cada carta era uma semente caindo em um coração fértil. Florescia um romance.*

Blanchard pediu uma fotografia, mas a moça se recusou a enviar. Achava que se ele realmente gostasse dela, não haveria necessidade de fotografia.

Quando, finalmente, ele retornou da Europa, marcaram o primeiro encontro, as 19h00, na Grand Central Station *de Nova Iorque.*

Você me reconhecerá, ela escreveu, pela rosa que estarei usando na lapela.

E as 19h00, Blanchard estava na estação à espera da moça, cujo coração ele amava, mas cujo rosto nunca vira.

Deixemos que o próprio Blanchard conte o que aconteceu:

Em minha direção vinha uma jovem alta e esbelta. Seus cabelos loiros encaracolados caíam nos ombros, deixando à mostra as orelhas delicadas; os olhos eram azuis da cor do céu. Os lábios e o queixo tinham uma firmeza suave, e sua figura em traje verde claro se assemelhava à chegada da Primavera. Comecei a caminhar em sua direção, sem absolutamente notar que não havia rosa em sua lapela. Quando me aproximei, um sorriso leve e provocante brotou em seus lábios.

– Gostaria de me acompanhar, marujo? Ela murmurou.

De maneira quase incontrolável, dei um passo em sua direção e aí avistei Hollis Maynell.

Ela estava em pé atrás da jovem. Aparentava mais de 40 anos, e seus cabelos presos sob um chapéu surrado deixavam entrever alguns fios brancos. Seu corpo era roliço, tinha tornozelos grossos e usava sapatos de salto baixo. A moça de traje verde-claro estava se distanciando rapidamente. Senti como se tivesse dividido ao meio, desejando ardentemente seguí-la, mas ao mesmo tempo, profundamente interessado em conhecer a mulher cujo entusiasmo me acompanhara e me sustentara.

E lá estava ela. Seu rosto redondo e pálido estampava delicadeza e sensibilidade, os olhos cinzentos irradiavam meiguice e bondade. Não hesitei. Peguei o pequeno livro de capa de couro para me identificar. Não seria um caso de amor, mas seria algo precioso, algo talvez melhor do que amor, uma amizade pela qual era e seria sempre grato.

Endireitei os ombros, cumprimentei e entreguei o livro à mulher, apesar de me sentir sufocado pela amargura de meu desapontamento, enquanto lhe dirigia a palavra.

– Sou o tenente John Blanchard, e você deve ser a Srta. Maynell. Estou satisfeito por ter vindo ao meu encontro; aceita um convite para jantar?

No rosto da mulher surgiu um sorriso largo e bondoso.

– Não sei do que se trata, filho, ela respondeu, mas a jovem de traje verde que acabou de passar por aqui me pediu para usar esta rosa na lapela. Falou também que se você me convidasse para jantar, eu deveria dizer que ela está à sua espera no restaurante do outro lado da rua. Ela me contou que se tratava de uma espécie de teste.

Não é difícil compreender e admirar a sabedoria da Srta. Maynell. Se você quiser conhecer a verdadeira natureza do coração humano, observe sua reação diante de uma figura sem atrativos. De um excluído.

Quer saber onde encontrar um excluído? Peça a uma enfermeira que o leve até alguém que nunca recebe visitas. Saia do escritório, desça até a rua e converse com o homem que está arrependido de ter se divorciado e está sentindo a falta dos filhos. Se quiser amar um excluído, vá até o centro da cidade e ofereça um sanduíche – não um sermão, mas um sanduíche – àquela senhora maltrapilha que mora debaixo da ponte.

Se quiser amar um excluído, veja os mal-apessoados e os esquecidos.

Você poderá dizer que se trata de um teste. Um teste para medir o tamanho do nosso coração. O mesmo teste que Hollis Maynell utilizou com John Blanchard. Os rejeitados do mundo usando rosas. Assim como John Blanchard, temos às vezes de adaptar nossas expectativas. Temos, às vezes, de reexaminar nossos motivos.

Se ele tivesse virado às costas a uma figura sem atrativos, teria perdido o amor de sua vida. Se nós virarmos às costas, poderemos perder muito mais. Madre Teresa sempre oferecia um cartão para qualquer pessoa que lhe pedisse. O cartão era impresso por uma das pessoas que lhe ofereciam doações, e dizia: "O fruto do silêncio é a oração. O fruto da oração é a fé. O fruto da fé é o amor. O fruto do amor é a assistência aos demais. O fruto da assistência aos demais é a paz".

A verdadeira realização na vida acontecerá quando pessoas solidárias e atenciosas ajudarem outras pessoas a viverem melhor.

Como disse Eleonor Roosevelt: "Você começa a morrer quando pára de contribuir".

Sugestão para leitura:

CERQUEIRA, Wilson. *Aprendendo a amar.*
São Paulo: DPL, 2001.

"Um amigo fiel é uma proteção poderosa: quem o encontrou, encontrou um tesouro."

Rei Salomão

Faixa 07

PROMESSAS E AMIGOS

"Amigo é alguém que se achega quando todo mundo se afasta."

Autor não identificado

Às vezes, fazemos promessas que não deveríamos fazer. Por vezes, nos vemos forçados a quebrar uma promessa para cumprir outra. Em outras ocasiões, enfrentamos verdadeiros dilemas. Sejamos honestos: todos nós temos dificuldades para manter nossa palavra. Não temos conseguido executar tudo aquilo que prometemos.

Em 1989, o terremoto que estremeceu a Armênia durou apenas quatro minutos, tempo suficiente para arrasar a nação, matando trinta mil pessoas. Logo que cessou o tremor de terra, um pai correu para a escola primária, a fim de resgatar o seu filho. Para sua surpresa, o prédio desabara, nivelando-se ao solo. Observando aquele monte de tijolos, pedras e ferros retorcidos, lembrou-se da promessa que fizera ao filho: "Aconteça o que acontecer, estarei sempre perto de você". Impulsionado pelo que dissera, localizou a área onde ficava a sala de aula e começou a remover os escombros. Vários pais chegaram, chorando por seus filhos. "Tarde demais", diziam. "Eles estão mortos. Nada mais pode ser feito". Até mesmo a polícia o desencorajou a prosseguir. Mas o pai prosseguiu na busca. Escavou oito, dezesseis, trinta e duas, trinta e seis horas. As mãos sangraram, ficou exausto, mas não desistiu. Finalmente, depois de trinta e oito horas exaustivas de trabalho, ele afastou uma grande viga de concreto e começou a chamar por seu filho.

– Arman! Arman!

Do meio dos escombros seu filho respondeu:

– Papai, estou aqui!

O menino acrescentou uma frase que soou aos ouvidos do pai como a mais preciosa de todas.

– Eu falei aos outros meninos que não se preocupassem. Falei-lhes que se você estivesse vivo, você viria me salvar, e que depois que eu fosse encontrado, eles também seriam salvos. Você havia prometido para mim: "Aconteça o que acontecer, estarei sempre perto de você".

Será que costumamos manter nossa palavra com nossos amigos? Será que somos amigos de fato? Será que temos amigos de verdade? São velhos companheiros, conhecidos que pensam como nós, que têm o mesmo nível social que nós temos, que votam no mesmo partido que nós e batem bola conosco, e tudo vai bem até que surjam os problemas.

Veja algumas definições da palavra "amigo":

"Amigo é aquele que só interfere em nosso caminho se estivermos caindo".

A definição da Bíblia:

"Há amigo mais chegado que um irmão".

Gosto bastante desta.

"Amigo é aquele que, quando fazemos uma tolice, sabe que nossa situação não é definitiva".

Robert Coles, psiquiatra de Harvard, disse:

"A melhor psicoterapia que existe é aquela que se dá de maneira informal, entre dois amigos que se conhecem intimamente e compartilham da vida do outro".

Quantos de nós possuímos e somos amigos assim, que apoiam quando todos abandonam e que diz: "Prometo ser leal a você".

Conta-se uma história da infância do poeta inglês Lord Byron, quando ele interveio numa briga em que um menino valentão batia num dos seus amigos. Byron perguntou corajosamente por quanto tempo o garoto pretendia bater no outro.

– O que você tem a ver com isso? Perguntou o valentão.

– É que se você não se importar, respondeu Byron, tremendo de raiva e medo, eu receberei metade da surra por ele.

Sonhamos com amigos assim, mas raramente os encontramos.

Será que estamos apenas querendo ter amigos assim, ou estamos prontos a ser amigos assim?

Sugestão para leitura:

Mc. CARTNEY, Bill. *Ser homem*.
Belo Horizonte: Betânia, 2000.

**"Na prosperidade,
nossos amigos nos conhecem.
Na adversidade,
nós conhecemos os nossos amigos."**

John Cherten Collins (1848-1908)
Educador e ensaísta inglês

UMA PERGUNTA MUITO ESTRANHA

"Uma pergunta pode ser mais importante do que qualquer resposta."

Walcir Carrasco
Novelista e escritor brasileiro

Em um dia quente de Primavera, Albert Einstein, que à época trabalhava no Center Advanced Studies, em Princeton, Nova Jersey, media, a passos, um quadrado. Ele tinha as mãos cruzadas às costas e murmurava algo consigo mesmo. Um circunstante curioso, que observava o grande cientista e se maravilhava com o que ele poderia estar dizendo, enquanto falava consigo mesmo, entrou discretamente no raio de ação da sua audição. Perdido em pensamentos, Einstein repetia, "Se eu apenas tivesse a pergunta certa... Se eu apenas tivesse a pergunta certa...".

Einstein estava tentando desenvolver uma teoria que unificaria os esotéricos campos das partículas físicas e da astrofísica. Para esse grande pensador, a jornada para a compreensão não começava com soluções, mas com perguntas. À medida que ele buscava as respostas necessárias para o desenvolvimento da teoria do campo unificado, seu foco permanecia na elaboração da pergunta certa.

Julgo esta história especialmente ilustrativa porque, quer seja apócrifa ou não, ela sustenta um ponto importante e surpreendentemente elucidativo: insistir na descoberta das respostas não deve obscurecer a importância de se fazer as perguntas certas.

Quantas pessoas são necessárias para carregar um caixão?

Pergunta estranha não? Mas você sabe a resposta. Seis ou, no mínimo, quatro!

Aqui vai mais uma pergunta estranha. Se você tivesse que escolher seis pessoas para carregar seu caixão, quem escolheria?

Temos vários amigos que, pensamos nós, estão dispostos a realizar essa tarefa, pressupondo que não haja nada mais urgente na agenda deles para esse dia. No entanto, não é esse o tipo de pessoa que gostaríamos que nos conduzisse à sepultura. Queremos amigos que estejam dispostos a interromper qualquer atividade para estar conosco em tal situação.

Sei que esse assunto pode parecer mórbido, mas é interessante preparar uma lista com o nome daqueles que um dia virão carregar o nosso caixão. Não por acharmos que precisaremos deles logo, mas porque estas são as pessoas que estão dispostas a estarem conosco nos bons e nos maus momentos. Temos que ter consciência de que, se quisermos desenvolver amizades profundas, temos que formular e responder essa pergunta: quem carregará meu caixão?

O problema é que, com a vida corrida e complicada que levamos, fica difícil prepararmos os carregadores do nosso caixão. Entretanto, é indispensável ter amigos. É bem verdade que as amizades acabam trazendo consigo inúmeras dores de cabeça e transtornos. Contudo, diante das recompensas da fidelidade e da lealdade com as nossa amizades, vale a pena aceitarmos as frustrações decorrentes disso.

Alguma pergunta!?

Sugestão para leitura:

LEEDS, Dorothy. *The 7 powers of questions*. New York: Perigee Book, 2000.

"É com o coração que se vê corretamente.
O essencial é invisível aos olhos."

Antoine Marie Roger de Saint-Exupéry (1900-1944)
Escritor e aviador francês

2
Faixa 08

UMA QUESTÃO DE SENSIBILIDADE

"Não há fatos, só interpretações."

Friedrich Wilhelm Nietzche (1844-1900)
Poeta e filósofo alemão

Uma viajante num aeroporto foi a uma loja e comprou um pequeno pacote de biscoitos para comer enquanto lia seu jornal. Gradualmente ela percebeu um ruído. Olhando por cima do jornal, ficou espantada ao ver um homem bem vestido pegando os biscoitos que ela comprara. Sem querer fazer escândalo, ela se inclinou e pegou um biscoito também.

Depois de um ou dois minutos ela ouviu o ruído mais uma vez. Ele estava pegando mais um biscoito! A essa altura, eles já haviam chegado ao final do pacote. Ela estava irada, mas evitou dizer qualquer coisa. Então, agindo como se tivesse a intenção de agravar ainda mais a indignação da viajante, o homem quebrou o último biscoito ao meio, deixou metade para ela, comeu a outra e saiu.

Ainda furiosa, quando anunciaram seu vôo, a mulher abriu sua bolsa para pegar sua passagem. Para seu choque e vexame, lá estava seu pacote de biscoitos fechado.

É fácil fazer suposições sobre o que passa à nossa volta. Esperamos que as coisas sejam sempre baseadas em uma experiência passada por nós ou pelos outros. Suposições nem sempre são errôneas, mas não podemos confiar nelas. Muitas vezes elas levam à vergonha e ao constrangimento.

Algumas pessoas tentam evitar assuntos que podem provocar conflitos com a intenção de agradar e não brigar. Mas fazer isso com as pessoas que amamos não contribui para o relacionamento. Primeiro, porque não é preciso brigar, podemos dizer o que nos incomoda com carinho, no desejo de manter a relação feliz. Se optarmos por silenciar, duas coisas podem acontecer: o ressentimento e a raiva irão se acumulando até desgastar a relação e não daremos chance ao outro de mudar e de crescer. Fale sobre os aspectos ou as atitudes que o incomodam, mas faça-o de modo amoroso e construtivo, sem raiva ou agressividade. Afinal, são duas pessoas administrando sua própria felicidade.

O orgulho e a falta de sensibilidade levou a mulher nessa história a supor que ela estivesse certa e que o homem estivesse errado. Em vez disso sua precipitação tornou-a completamente cega no tocante à bondade dele para com ela.

Quando você se encontrar em conflito com os outros, evite suposições precipitadas. Só fale com certeza, utilizando o seu maior grau de sensibilidade.

Sugestão para leitura:

DIMITRIUS, Jo-ellan. *Começando com o pé direito*.
São Paulo: Alegro, 2001.

"Se tua vida não é um dia cheio de sol – por que não poderia ser uma noite iluminada de estrelas?"

Humberto Rohden (1893-1981)
Filósofo e educador brasileiro

JOGUE FORA A SUA ESPINGARDA DE BRINQUEDO

" Odiar pessoas é como incendiar sua casa para livrar-se de um rato.

Harry Emerson Fosdick (1878-1969)
Líder religioso americano

Espingarda de brinquedo é uma ótima diversão para crianças. Proporciona-lhes ação e barulho. Prende sua atenção – pelo menos por algum tempo. Quando o menino chega à adolescência, já não tem mais interesse por espingarda de brinquedo. E poderia haver algo mais ridículo e impróprio do que um homem maduro gastando o tempo brincando com uma espingarda deste tipo?

Não se pode matar ursos, nem leões, nem qualquer inimigo da vida humana com uma espingarda de brinquedo. Não se caça com espingardas de brinquedo. Também não se dão espingardas de brinquedo aos soldados quando vão às batalhas.

Atirar com uma espingarda de brinquedo provavelmente exige tanto esforço quanto atirar com um rifle calibre 22 ou muitos outros tipos de armas. Algumas espingardas de brinquedo fazem tanto barulho quanto as reais. Exceto ocupar a atenção por algum tempo, fazer barulho e exigir um pouco de esforço, as espingardas de brinquedo nada produzem de real.

A maioria de nós tenta matar o nosso odioso inimigo – a preocupação e a insegurança – com a espingarda de brinquedo. Figurativamente, é claro. Mencionarei duas espingardas de brinquedo mais usadas hoje.

Existe a espingarda de briquedo da BAJULAÇÃO. A bajulação é um artifício usado por muitos que procuram um substituto para a insegurança e para a preocupação. Pela bajulação, o inseguro preocupado, se esforça por segurar amigos leais em grande número. Com isso, procura se imunizar dos perigos, construindo ao seu redor essa barreira de amigos. Sua idéia é que no número há segurança. Raciocina que se as probabilidades terríveis que teme tornarem-se certezas calamitosas, estará protegido por essa parede de amigos.

Obviamente, a bajulação nada realiza, a não ser dar ao bajulador uma segurança temporária e falsa. A própria desonestidade dessa tentativa, no final, é acrescentada às preocupações da pessoa.

Outra espingarda de brinquedo utilizada por muitos preocupados e inseguros é a CRÍTICA. Os psicólogos nos dizem que há três motivos para isto. Primeiro, criticamos para elevar-nos a nós mesmos. Segundo, criticamos para projetar nosso infortúnio. Terceiro, criticamos as coisas de que somos culpados, ou as coisas que nos tentam e nos preocupam mais. Não importa qual seja nossa razão para criticar, o velho provérbio é verdadeiro: "Não é preciso muito para criticar".

Lembre-se que as espingardas de brinquedo são usadas somente por crianças e que a crítica, como a outra espingarda figurada, é usada pelas personalidades mais imaturas.

Os inseguros, muitas vezes, lançam mão da crítica para projetarem seu próprio infortúnio. Sentem-se miseráveis e desejam que todo o mundo também sinta o mesmo. É obvio que esta não é a resposta à insegurança. Ao projetarem sua própria miséria, as pessoas conseguem, temporariamente, deixar de pensar em seus problemas. O resultado trágico, entretanto, é que o alívio é somente temporário. Ao criticarem, centralizam suas mentes em pensamentos negativos e o mal que, inevitavelmente, segue o pensamento negativo, somente aumenta suas preocupações. Consequentemente, a depressão torna-se um fato.

Jogue fora a espingarda de brinquedo. Este deve ser o primeiro passo se você deseja vencer a insegurança.

***Sugestão para leitura*:**

HAGGAI, John. *How to win over worry*. 1991

"Quando um simplório insultou Buda,
ele o ouviu em silêncio; porém, quando
o homem terminou, Buda perguntou-lhe:
'Filho, se um homem se recusasse a
receber um presente feito para ele,
a quem pertenceria o presente?'.
O homem respondeu: 'À pessoa que
o ofereceu'. 'Meu filho', disse Buda,
'recuso-me a aceitar o teu insulto,
e peço que guardes para ti mesmo!' "

Willian James Durant (1885-1981)
Historiador americano

CRÍTICAS (sempre a lesma lerda)

"Para não ser criticado: Não diga nada. Não faça nada. Não seja nada."

Placa sobre a mesa de um escritório de uma grande organização

Não tenho muita certeza de que até mesmo isso funcione. Na verdade, não imagino nenhum meio de evitar críticas.

Quase todos nós lutamos com o problema de como enfrentar as críticas. É duro aceitá-las quando são justas. Mas quando são injustas, ou feitas pelas costas, sem dar oportunidade de defesa ou explicação, são piores ainda.

Ninguém está imune às críticas. Aqui está um golpe desferido contra uma figura muito conhecida:

"Ele não é em nada melhor que um assassino. Traiçoeiro com os amigos, hipócrita na vida pública, um impostor que abandonou todos os bons princípios, se é que alguma vez os teve."

Esse comentário foi feito sobre George Washington.

As críticas são como lesmas. Se você nunca viu uma, devo lhe dizer que se parece com uma minhoca gorda e amarronzada. Chata na parte inferior e com algo semelhante a duas antenas sobre a cabeça. As lesmas são muito viscosas e deixam um rastro brilhante por onde passam. Se você pegar uma na mão, perceberá que ela gruda em seus dedos. Quando a coloca no chão, a substância viscosa que ela solta permanece em sua mão e é difícil lavá-la. Argh!!!

As críticas e as lesmas existem de todos os tamanhos e fazem você ficar enjoado, sobretudo se tiver que engolí-las. Argh!!!

Aprender a detectar e a se defender dos ataques verbais torna a sua vida mais fácil e mais agradável, além de dar um belo empurrão em sua auto-estima. Em vez de ficar pensando que sua confiança e seu contentamento ficaram arrasados, pelas observações verbais desagradáveis, mesmo pelos pequeninos, você começa a perceber que o problema não é seu. Faça com que os ataques voltem para o lugar de onde vieram. Você ajudará as pessoas que os emitiram a perceberem o que elas estão fazendo e a aprenderem como parar de agir dessa maneira – ou, pelo menos, a procurarem novas vítimas.

Quando você enfrentar críticas e reclamações, faça a si mesmo algumas perguntas, antes de se deixar envolver por um torvelinho emocional.

De onde provêm as críticas?

Estão todos contra mim? Ou são apenas alguns descontentes?

Existe alguma verdade nas críticas – mesmo que em pequena porcentagem?

Existe alguma coisa nas palavras dos meus críticos ou acusadores que deva ser aproveitada como ensinamento?

Quando as críticas forem merecidas, aprenda com elas. Quando forem injustas, delicadamente se recuse em aceitar o insulto e devolva com estilo e muita classe a lesma que lhe deram.

Sugestão para leitura:

JAMES, Jennifer. *Críticas: Como se defender de comentários inoportunos*. São Paulo: Saraiva, 1995.

Era uma vez uma cobra que começou a perseguir um vaga-lume que só vivia para brilhar. Ele fugia rápido com medo da feroz predadora e a cobra nem pensava em desistir. Fugiu um dia e ela não desistia, dois dias e nada... No terceiro dia, já sem forças, o vaga-lume parou e disse à cobra:

– Posso fazer três perguntas?

– Não costumo abrir esse precedente para ninguém, mas, já que vou te comer mesmo, pode perguntar...

– Pertenço à sua cadeia alimentar?

– Não.

– Fiz alguma coisa para você?

– Não.

– Então por que você quer me comer?

– Porque não suporto ver você brilhar...

Autor não identificado

A INVEJA

"A inveja fornece a lama que o fracasso atira contra o sucesso."

Daniel C. Luz

A fábula de Esopo conta que um dia um avarento e um invejoso foram à presença do deus Júpiter para fazer-lhe pedidos. O deus Júpiter, percebendo logo as fraquezas dos dois, resolveu dar-lhes uma lição, e disse então:

– Darei a vocês aquilo que me pediram, porém lhes aviso, darei em dobro para seus vizinhos.

O avarento prontamente pediu ao deus Júpiter que lhe desse uma sala repleta de ouro. Assim foi realizado o seu desejo e ao vizinho foi dado em dobro. O avarento não ficou muito contente quando viu que seu vizinho havia ganho duas salas de ouro, porém se conformou e foi embora.

O invejoso, que a tudo observava, quando lhe coube fazer o pedido, disse:

– Deus Júpiter, gostaria de lhe pedir que furasse meu olho direito.

Foi realizado o seu desejo e o seu vizinho teve os dois olhos furados.

Há pessoas que ao invés de olharem para os progressos, sucessos, coisas e fatos positivos de sua própria vida, ficam o tempo todo prestando atenção e "vivendo" as outras pessoas, querendo para si o que as outras têm, querendo ser o que as outras são, querendo viver o que as outras pessoas vivem. São pessoas que fazem da "inveja" o seu padrão de relacionamento humano. Não conseguem viver a própria vida e com isso atraem para si o descaso e o desdém dos normais. São dignas de pena, pois jamais conseguirão se livrar de suas próprias amarras que as levam ao fracasso.

Pode parecer antigo falar de "inveja". Mas a verdade é que esse é um mal que ataca certas pessoas e as fazem não só atrapalhar a sua vida, como ajudam a infelicitar a comemoração e a vida dos outros.

E como se comporta o invejoso ou a invejosa? É simples. Ele ou ela falam mal de tudo e de todos por todos os motivos. Se você faz muito é porque quer "aparecer". Se você não comparece é porque não quer participar. Se você fala é ruim. Se você fica quieto é pior. Não há como agradar ou contentar pessoas que não estejam felizes consigo próprias e que vivem concentradas na vida alheia, no sucesso alheio. Essas pessoas não compreendem que quanto mais invejam, pior lhes é a própria vida, pois que terão sempre a dimensão de seus fracassos pelo sucesso dos outros.

O invejoso não consegue a necessária paz para empreender, para ser proativo, para realizar coisas certas em benefício de sua empresa, das pessoas, de seus subordinados, de seus superiores. Ele está sempre "alerta", vendo, estudando, observando o que os outros estão falando, o que os outros estão fazendo, o que os outros estão ganhando, o que os outros estão sentindo. Nessa obsessão de "viver a vida alheia", o invejoso perde a si mesmo e não sabe mais do que é capaz de pensar, realizar ou sentir. Essas pessoas precisam de ajuda. Aconselhe. Faça-as ver que da forma como vivem e vêem o mundo, nunca serão felizes.

Mostre-lhes que a dimensão da felicidade e do sucesso está em fazer mais do que os outros esperam que façamos, em sermos "credores" e que no relacionamento humano e social a inveja impede o sucesso.

Leve-as a ver os seus próprios pontos positivos, as suas virtudes e as suas possibilidades de vencer pelos próprios méritos. A pessoa invejosa é uma pessoa doente que não suporta a si mesma, não suporta a sua imagem e somente consegue se olhar através do espelho do sucesso alheio.

Sugestão para leitura:

MARINS FILHO, Luis A. *Socorro! Preciso de motivação.* São Paulo: Harbra, 1995.

GÓES, Joaci. A *inveja nossa de cada dia.* Rio de Janeiro: Topbooks, 2001.

Não tenho respeito pela justiça.
Mutilo sem matar. Parto corações e arruíno vidas.
Sou esperta, maliciosa e me torno mais forte com a idade.
Quanto mais sou citada, mais sou acreditada.
Floresço em todos os níveis da sociedade.
Minhas vítimas são impotentes. Não podem proteger-se contra mim porque não tenho rosto.
Localizar-me é impossível. Quanto mais tentam, mais escorregadia me torno.
Não sou amiga de ninguém. Uma vez que eu manche uma reputação, ela nunca mais será a mesma.
Derrubo governos, destroço casamentos, arruino carreiras, provoco noites insones, sofrimentos emocionais e indigestão.
Semeio suspeitas e gero dor.
Faço inocentes chorarem no travesseiro.
Produzo manchetes e dores de cabeça.
Meu nome: fofoca!

Autor não identificado

MEXERICO

"-Você soube...?
"- Verdade?
"- Hiii!
"- Até ele?
"-Não me conte!"

Frases típicas de um mexeriqueiro

Nos últimos tempos, os analgésicos não têm conseguido aliviar um tipo de dor de cabeça que vem assolando a humanidade. Trata-se de um distúrbio que deixa muitas pessoas insones, tantas, algumas vezes superexcitadas, confusas e freqüentemente irritadas. E a causa de tanta aflição é um fenômeno muito popular, tão antigo quanto o homem, porém, temido por seu terrível efeito devastador. Estou falando do mexerico.

Mexerico: de mexer, vindo do latim *miscere*, misturar. Mexerico é sinônimo de fofoca, um brasileirismo. Mexeriqueiro ou fofoqueiro são aquelas pessoas que têm grande prazer em falar (mal) da vida alheia. Há quem veja nessa prática duas virtudes: a modéstia, posto que não falam de si mesmas, mas dos outros, não se considerando, pois, um bom assunto. E a solidariedade, já que demonstram preocupação com o próximo.

Gosto da história que li no interessante livro da Dra. Laura Schlessinger: *Os Dez Mandamentos*. A história mencionada por ela é sobre um homem que espalhou fofocas sobre seu rabi. Depois de dar vazão às suas frustrações com o rabi, ele se deu conta do erro que cometera e confessou sua culpa à vítima. O rabi concordou em perdoá-lo, mas, antes de mais nada, passou-lhe a penitência de levar um travesseiro de penas até o topo de um morro em que ventava muito e, lá em cima, soltar todas as penas. O homem ficou aliviado, porque teria perdão com uma penitência bem leve. Quando voltou ao rabi, ansioso por receber o perdão, o rabi lhe passou outra tarefa. Um tanto aborrecido, mas ansioso pela absolvição, o homem concordou. O rabi lhe disse que voltasse ao morro e apanhasse todas as penas. O homem ficou arrasado e disse que a tarefa era impossível de ser cumprida. O rabi explicou que cada pena representava alguém que ouvira a fofoca e formara uma opinião errônea sobre a vítima da mesma. De que modo podemos reparar esse dano?

O dano é irreparável, entretanto, a maneira mais fácil e imediata de conter o mexeriqueiro e contribuir para criar uma comunidade que se importa com seus membros é deixar de fofocar e preencher esse tempo com conversas sobre coisas belas, como artes, livros, teatro, filosofia etc.

Antes de repetir uma história, pergunte a si mesmo: ela é verdadeira? É justa? É necessária? Se não é... é melhor ficar calado.

Sugestão para leitura:

SCHLESSINGER, Laura. Os *dez mandamentos*.
Rio de Janeiro: Record, 2001.

"Se todo mundo soubesse o que todo mundo diz de todo mundo, ninguém falaria contra ninguém.

Gabriel Hanotaux

O PODER DA LÍNGUA

"Para te magoar, são necessários um inimigo e um amigo: um inimigo, para te caluniar e um amigo, para te transmitir a calúnia."

Mark Twain
Samuel Langhorne Clemens (1835-1910)
Escritor e humorista americano

Nos recifes de corais do Caribe, vive um peixe pequenino, conhecido como beijoqueiro. Mede de cinco a oito centímetros de comprimento. É azul, ágil e muito bonito. O mais fascinante é seu beijo. É comum ver dois peixes dessa espécie com as bocas se tocando e as barbatanas se movimentando violentamente como se estivessem mantendo um romance dentro d´água. Ao vê-los, se tem a impressão de que ali está a espécie dos sonhos de amantes de aquários. Parecem ativos, espertos, radiantes e carinhosos. Mas as aparências enganam. Apesar de dar a impressão de ser uma criatura dócil, esse pequenino peixe é, na verdade, um valentão do mar.

Feroz defensor de seu território, o peixe toma posse da área onde vive e não quer saber mais de visitantes. O seu território no recife é só seu. Ele mesmo encontra o local, marca os limites e não quer ver ninguém de sua espécie na redondeza. Quando alguém atravessa as suas fronteiras, ele ataca, mandíbula contra mandíbula. O que parece ser um encontro amistoso é, na verdade, uma luta marcial dentro d´água. Choque de bocas. Embate de bocas. Uma verdadeira guerra. O poder conseguido por meio da língua. Estranho, não? Comum, não?

Não é necessário viajar ao Caribe para ver esse tipo de luta pelo poder. A agressão e a manipulação por meio da boca não se limita ao Caribe.

Preste atenção nas pessoas de seu mundo (ou a pessoa cuja imagem se reflete no seu espelho). Você se surpreenderá com as coisas inacreditáveis que acontecem quando as pessoas querem abrir caminho à força. O peixe beijoqueiro não é o primeiro a usar a boca para alcançar seu objetivo.

Nos tempos antigos, as disputas eram resolvidas com luta corporal. Hoje, fazemos uso de uma ferramenta mais aprimorada: a língua. Dissimulamos nossas lutas da mesma maneira que o peixe beijoqueiro. Damos a isso o nome de disputa ou competição pelo *Status Quo*, o que, na realidade, não passa de uma defesa obstinada de nosso território. O diálogo pode parecer inocente. Porém, não se deixe enganar pelas aparências. Assim como o peixe beijoqueiro, a língua mordaz do acusador quer ver sangue.

Que força tem esse membrozinho! Precisamos administrá-lo bem. Isso me lembra uma velha fábula: conta-se que dois pássaros, um corvo e um canário, moravam na mesma árvore. A árvore sombreava uma casa grande e velha onde um irmão e irmã moravam com a sua mãe.

Um dia o corvo disse ao canário:

– Eu vou pousar na beirada daquela janela, ele apontou sua cabeça em direção à casa, quando as pessoas me virem, vão jogar pedaços de pão e eu vou dormir de barriga cheia.

O canário assistiu o corvo voar até a janela. Ele estendeu seu pescoço e começou a grasnar. Ele fez muito barulho, exigindo atenção com sua voz estridente. Finalmente, o seu canto rude foi recompensado pela mulher, que veio até a janela e jogou um sapato nele.

O canário deu tanta risada que quase caiu do galho, enquanto o corvo voava de volta para a árvore; ele parecia machucado.

– Quero ver você conseguir algo melhor, grasnou o corvo. A mulher ainda tem o outro sapato.

Sem um piu, o canário voou até a janela. Ele dobrou as asas e começou a cantar uma música melodiosa. O corvo assistiu admirado a mesma mulher aparecer na janela e oferecer pedaços de pão ao canário.

Quando o canário encheu a barriga, ele voou de volta para a árvore, onde o corvo imediatamente o enfrentou.

– Ela deu comida para você, o corvo disse, porque ela acha você mais bonito do que eu.

O canário disse:

– Você está errado.

– Então, por que ela jogou um sapato em mim?

O canário respondeu com os olhos fechados.

– Porque eu cantei para ela. Você apenas grasnou.

A diferença estava na maneira como falaram e a linguagem que usaram. É claro que um corvo não consegue cantar como um canário. Um canário não precisa treinar seu canto. Mas eu e você podemos ser ou como o corvo ou como o canário. Criamos coisas horríveis e coisas lindas com nossa linguagem.

Que tipo de som você anda emitindo?

Sugestão para leitura:

DIMITRIUS, Jo-Ellan. *Começando com o pé direito.* São Paulo: Alegro, 2001.

"Antes calado que abobado"

Provérbio alemão

"Contra o calar não há castigo nem resposta."

Miguel de Cervantes Saavedra (1547-1616)
Escritor e novelista espanhol

MORDA A LÍNGUA!

"Geralmente me arrependo do que disse e não do que deixei de dizer."

Publilius Syrus (1º século a.C.)
Escritor romano

Quantas vezes já disse algo de modo inadequado e, em conseqüência, desejou morder a língua? Não tente lembrar-se de todas as ocorrências. Seria muito penoso. Apenas aprenda a evitar desastres semelhantes no futuro.

Primeiramente, deixe a afirmação ou a pergunta atravessar a sua mente, depois revise-a, a fim de verificar se está correta. As quinze bilhões de células do cérebro trabalham com incrível rapidez. Com a prática, você pode aprender a controlar e reformular, em uma fração de segundo, aquilo que deseja dizer. Simplesmente pisque os olhos uma ou duas vezes e isso lhe dará tempo suficiente para encontrar um modo melhor de se expressar.

Palavras são mais importantes do que se imagina. Quantas tragédias poderiam ser evitadas, quantos problemas solucionados, quantos casamentos poderiam continuar existindo, se as pessoas pensassem nas conseqüências do que dizem.

Como você se sente se:

Alguém no emprego critica o novo chefe, coincidentemente, também um grande amigo seu. "Oh, sinto muito – esqueci que vocês dois são chegados."

Uma piada é contada numa festa sobre pessoas gordas. Você tem excesso de peso. Você ouve a piada, sorri amavelmente, mas o seu coração afunda no peito.

Comentários insensíveis. Pensamentos que deveriam ter permanecido como pensamentos. Sentimentos que de modo algum deveriam ser expressos. A maneira como você diz as coisas é de grande importância, se você deseja se relacionar bem com as pessoas.

Lembro-me da história de um homem que retornava de uma pescaria não muito bem-sucedida. Carregava meia dúzia de pequenos peixes numa linha. No cais, ele encontrou um companheiro que trazia consigo um grande peixe. A regra estabelecida entre os pescadores é que cada um não faça alarde de seus peixes grandes ou lamente a falta de sorte de outros.

O homem que trazia os peixes pequenos, vendo o grande peixe que o outro carregava, disse: "Só um hein???" Ambos riram.

Pense antes, fale depois. Há milhares de frases desastrosas, rudes e inapropriadas. Uma pessoa sensível aprenderá, de experiências malsucedidas, como proceder de modo conveniente em relação às pessoas.

Pronunciamentos insensíveis podem ser acidentais, mas não são desculpáveis. Pense nisso e morda a língua!

Sugestão para leitura:

GENUA, Robert L. *Managing your mouth*. American Management Association, 1992.

"Não basta,
não basta pensar e não elogiar as
qualidades das pessoas que amamos;
não basta povoar os nossos pensamentos
de inúteis elogios silenciosos;
também não basta admirar uma pessoa
quando o orgulho nos impede de dizer
uma palavra franca e direta de quão grande
é o seu poder!
Se ela fez um trabalho admirável, não deixe
o elogio para depois.
Com medo de torná-la presunçosa, você
poderá deixá-la 'pesarosa'!
Estenda a mão e diga-lhe simplesmente
'belo trabalho' e sinta a sua alegria incontida.
Flores sobre a lápide de nada valerão, só
vale mesmo o que foi dito em vida."

Autor não identificado

FAÇA-ME SENTIR IMPORTANTE

"Trate os outros como gostaria de ser tratado por eles."

Lucas 6:3

Todo mundo gosta de ser elogiado, e não há exceção. William James escreveu: "O princípio mais profundo na natureza humana é o desejo de ser apreciado". E Mark Twain disse: "Posso viver por dois meses com um bom elogio".

O elogio é valioso por ser uma virtude raramente praticada! Raramente elogiamos nossos empregados; raramente elogiamos nossos filhos e raramente elogiamos nossos pares. No entanto, é em nossas famílias que deve ser o refúgio, onde podemos aplicar o elogio liberalmente.

Leia atentamente estas definições de elogio: valorizar, engrandecer, exaltar, magnificar, honrar, aprovar, aplaudir. Se você der a estas definições alguma idéia criativa, você poderá chegar a centenas de meios de elogiar as pessoas com quem você interage. Quanto mais você expressa verbalmente a sua apreciação, mais seguras as pessoas se tornarão em sua estima própria.

Você, alguma vez, pediu a alguém que repetisse um elogio? Eu já. "Oh, você realmente gostou da minha aula ou palestra? Diga-me o que foi mais significativo para você". Interiormente eu estou dizendo: "Sim, eu preciso ouvir isso! Você pode me dizer mais uma vez para que possa me deliciar com os seus comentários por mais alguns segundos?" A vida pode ser, às vezes, intoleravelmente pesada, mas uma palavra boa e animadora pode ajudar a aliviar o peso e levantar o nosso espírito.

Arnold Glascow disse: "O elogio faz maravilhas para o nosso sentido de ouvir". Ele também faz maravilhas para o nosso sentido de ver. Quando você elogia outra pessoa, você desvia os olhos de si mesmo e os concentra sobre outro alguém pôr uns poucos e breves momentos. Esta concentração positiva sobre outra pessoa, não somente ajuda a por a vida do elogiado em perspectiva, mas a sua também.

Um garotinho estava usando uma cola superadesiva para montar as peças de um aeromodelo e, de repente, um dedo de sua mão direita ficou grudado em uma das asas do avião. Quanto mais ele tentava soltá-lo, mais frustrado ficava. Quando finalmente o garotinho conseguiu soltar o dedo, o local ficou machucado e doendo durante vários dias. Não é necessário dizer que seu entusiasmo para montar o aeromodelo cessou.

Muitas pessoas não se dão conta de que as suas palavras de insulto, zombaria e crítica geralmente "grudam" nos outros como colas superadesivas. Quanto mais a pessoa tenta se livrar dos comentários negativos ou de uma auto-imagem negativa, desenvolvida ao longo dos anos, mais frustrada ela se torna. Não conseguir se livrar do passado é entendido como fracasso! Quando o trabalho de uma pessoa é criticado ou ridicularizado, ela tende a desleixar. A produtividade e a qualidade do trabalho podem decair e fortalecer o "desânimo".

Qual é o antídoto? Elogios e palavras de incentivo. O aplauso nunca é demais. As palavras positivas fortalecem as pessoas e as curam de dentro para fora.

Todos nós temos uma placa invisível pendurada ao pescoço dizendo:

"Faça-me sentir importante!"

Sugestão para leitura:

SILBERMAN, Melvin L. *Desvendar pessoas*.
Rio de Janeiro: Campus, 2001.

"Um dos mais elevados deveres
humanos é o dever do encorajamento...
É fácil rir dos ideais dos homens;
é fácil despejar água fria no seu entusiasmo;
é fácil desencorajar os outros.
O mundo está cheio de desencorajadores.
Temos o dever de encorajar-nos
uns aos outros. Muitas vezes uma palavra
de reconhecimento, ou de agradecimento,
ou de apreço, ou de ânimo, mantêm
um homem em pé."

Willian Barclay

DÊ-ME ÂNIMO

"Ninguém sente dor de cabeça quando está encorajando alguém."

Provérbio indiano

Você pode falar o quanto quiser acerca de diamantes, ou de dinossauros, ou de pérolas gigantes. Sem dúvida que são raros. Sem dúvida que é difícil encontrá-los. Você terá de penetrar sob montanhas, escavar antigos leitos de lagos, ou mergulhar nas sombrias profundezas de lagoas misteriosas.

Tão raro quanto isso e muito mais valioso é o encorajamento, a motivação.

O encorajamento é espantoso. Pense nisto: ele tem a capacidade de levantar os ombros de um homem ou de uma mulher. De acender um sorriso no rosto de uma criança desanimada. De trazer fogo novo para as brasas abrandadas de um sonho que se vai apagando. De realmente mudar o curso do dia... da semana... ou da vida de outro ser humano.

As pessoas que se encorajam são cordiais. Você é?

O âmago da palavra *cordial* é a palavra *coração*. O âmago do coração é *kardia*, termo grego que na maioria das vezes refere-se ao centro da vida interior de alguém; a fonte ou a sede de todas as forças e funções de nosso interior. Assim, quando pensamos em ser cordiais, pensamos em algo que vem do íntimo e se relaciona com o centro da própria vida. Talvez seja por isso que o dicionário define assim a palavra cordial: "... de ou relacionamento com o coração, vital, que tende a reviver, animar ou revigorar, sincero, gracioso...".

Ser cordial, literalmente, brota do coração. Sua origem começa com a crença, profundamente arraigada, de que o outro sujeito é importante, verdadeiramente significativo, merecedor de minha atenção integral e de meu interesse incomparável, mesmo que o seja por uns poucos segundos. Quando a cordialidade é estimulada por tal crença, então ele predispõe a ser sensível aos sentimentos dessa pessoa.

Se uma pessoa está inquieta e na defensiva, a cordialidade alerta-me para colocá-la à vontade, para ajudá-la a sentir-se confortável. Se estiver acanhada, a cordialidade proporciona alívio. Se estiver entediada e aborrecida, a cordialidade estimula e revigora. Se está triste e melancólica, a cordialidade traz ânimo, ela faz reviver e rejuvenescer.

ENCORAJAMENTO.

Divulgue-o. Grite-o.

Sugestão para leitura:

KATZENBACH, John R. *Desempenho máximo*. São Paulo: Negócio, 2000.

"Há duas espécies de pessoas:
as que têm úlceras e as que
provocam. Se você tem de conviver
com a segunda, deve aprender
a lidar o melhor possível com elas."

Sam Deep
Consultor de empresas

ENCORAJAMENTO

" Trate um homem de acordo com o que ele aparenta ser e estará fazendo o pior. Porém, trate um homem como se já fosse o que ele potencialmente poderá vir a ser, e estará fazendo dele o que deveria ser."

Johann Wolfgang von Goethe (1749-1832)
Poeta, escritor e filósofo alemão

O escritor Mark Twain advertiu: "Fique longe de pessoas que tentam diminuir as suas ambições. Pessoas pequenas sempre fazem isso, mas as realmente grandes, fazem com que você sinta que também pode tornar-se grande".

Como é que a maioria das pessoas se sente quando está perto de você? Sentem-se pequenos e insignificantes, ou acreditam em si mesmos e têm esperanças sobre aquilo que podem vir a ser?

Uma experiência foi feita há alguns anos para medir a capacidade de resistência das pessoas à dor. Psicólogos mediram quanto tempo uma pessoa poderia suportar ficar com os pés descalços dentro de um balde com gelo. Descobriram que um fator tornava possível para algumas pessoas permanecerem com os pés no gelo duas vezes mais do que as outras. Você pode imaginar que fator era este? Era o encorajamento. Quando uma outra pessoa estava presente, dando suporte e encorajamento, as pessoas eram capazes de suportar a dor por muito mais tempo do que as que não contavam com este auxílio.

Poucas coisas ajudam tanto uma pessoa quanto o encorajamento. George M. Adams chamou-o de "oxigênio para a alma". O filósofo e poeta alemão Johann Wolfgang von Goethe escreveu: "A correção faz muito, mas o encorajamento após a censura é como o sol depois da tempestade". E William A. Ward revelou seus sentimentos quando disse: "Lisonjeie-me, e não acreditarei. Critique-me, e talvez não goste de você. Ignore-me, e talvez não lhe perdoe. Encoraje-me, e nunca lhe esquecerei".

No livro, *Building Your Mate´s Self*, Dennis Rainey conta uma história maravilhosa sobre o cuidado e o encorajamento. Ele conta que havia um garoto chamado Tommy que passou por um período de muitas dificuldades na escola.

Fazia continuamente muitas perguntas, não conseguia manter-se calado. Parecia que falhava cada vez que tentava fazer alguma coisa. Sua professora finalmente desistiu dele, e disse para sua mãe que ele não tinha condição de aprender e nunca alcançaria muitas coisas. Mas a mãe de Tommy era uma pessoa que cuidava de outras pessoas. Sabia encorajar. Ela acreditava nele. Ela passou a estudar com ele em casa, e a cada vez que ele falhava, ela lhe dava esperanças e encorajamento para continuar tentando.

O que aconteceu com Tommy? Tornou-se um inventor com mais de mil inventos patenteados, incluindo a vitrola e a primeira lâmpada elétrica incandescente, comercialmente viável. Seu nome era Thomas Edison. Quando as pessoas são encorajadas, é impossível prever o quão longe podem chegar.

A falta de encorajamento pode impedir uma pessoa de viver uma vida saudável e produtiva. Mas quando a pessoa se sente encorajada, ela pode enfrentar o impossível e superar adversidades incríveis. E a pessoa que fornece o presente do encorajamento se torna aquela que faz diferença em sua vida.

Vou repetir a pergunta do início do texto. Como é que a maioria das pessoas se sente quando está perto de você?

Sugestão para leitura:

MAXWELL, John C. *Como tornar-se uma pessoa de influência*. CPAD: Rio de Janeiro, 2000.

"Todo ser humano precisa ser elogiado. Senão, não se tornará o que estava destinado a ser, nem mesmo a seus próprios olhos."

Autor não identificado

TODOS NÓS DESEJAMOS SER NOTADOS

"Mesmo que esteja muito ocupado, você deve sempre arranjar tempo para fazer alguém se sentir importante."

Dr. Rene Spitz

Outro dia perguntei ao meu pai (meu grande herói), por que ele havia decidido retirar-se para uma pequena cidade do interior de São Paulo, nas proximidades de Campinas, ao invés de ir para Campinas, onde haveria mais coisas para fazer e para ver.

Ele respondeu: "Se um dia eu caísse morto no centro de Campinas, todas as pessoas simplesmente passariam por mim e continuariam andando. Se eu caísse morto aqui, também todos passariam por mim e continuariam andando, mas diriam: 'Lá está o velho Francisco Luz'".

O comentário engraçado, mas apropriado, indica uma faceta importante da natureza humana: todos nós desejamos ser notados. Ninguém deseja ser ignorado, ou esquecido, ou morrer sem ser reconhecido.

Todo ser humano tem uma necessidade fundamental de ser amado e admirado, de ser especial. O bebê anseia pelo amor total e completo dos pais. Essa necessidade profunda, que mais tarde fica sepultada e, em grande parte, esquecida na "criança interior do passado", jamais morre completamente. Ela se revela no desejo que o adulto tem do reconhecimento, das honras, da popularidade – qualquer forma de atenção positiva.

Talvez você não tenha esperança de se tornar mundialmente famoso, mas deixe a sua imaginação correr livre por um momento. A fantasia pode ser divertida, se ela não se tornar uma substituta para a realidade.

Você gostaria de descobrir a cura para o câncer? Ou mesmo para o resfriado comum? Isso lhe traria fama instantânea e beneficiaria à humanidade.

Você gostaria de ser o primeiro astronauta a descer em algum planeta distante? Pense na aclamação popular.

Você desejaria ser um artista famoso ou um filantropo cujo nome ficasse perpetuado na história? Um magnata latifundiário fabulosamente rico ou um conselheiro presidencial sábio e renomado? Um juiz gentil e benevolente, pronunciando decisões sábias, ou talvez um dos poucos selecionados na ciência, arte ou literatura para receberem o Prêmio Nobel?

Essas fantasias inofensivas são um vestígio da infância, quando você provavelmente recebia amor e adoração incondicionais. Mas agora você é um adulto. Plop! A bolha de sabão estoura e você está de volta à luta diária, à realidade da vida.

Chega, então, o dia quando os jovens adultos se formam na escola. Os pais estão em algum lugar nas sombras do passado. Os jovens adultos são empurrados para o palco da vida sem terem qualquer chance de ensaiar seu papel. Eles nem mesmo têm certeza do nome da peça ou como ela irá se desenrolar. Será que serão bem-sucedidos? Eles não o sabem. É um mundo assustador. Depois de muito tempo, sem qualquer garantia, estarão vivendo por si só. Na adolescência, almejaram a liberdade do controle dos pais. Agora que a possuem, ela parece assustadora.

Essas crianças, tornadas adultas, anseiam pelos Campos Elísios da infância – pela adoração ou pelo amor incondicionais, por serem supremamente importantes para mamãe, papai e para as demais pessoas. Agora têm que representar seus papéis. Estão com medo e, às vezes, se sentem solitários. Ocasionalmente se sentem deprimidos.

Agora começa a busca pelo sucesso, pela felicidade e pela realização que vai durar por toda a vida. Esses alvos foram apenas vagamente definidos para os jovens adultos e eles podem não ter visão muito clara de como alcançá-los.

Parece que o sucesso constitui-se em conseguir um emprego, casar-se e formar uma família – ter dois filhos, dois carros, um gato e um cachorro. Mas no processo de tentar conseguir esses supostos símbolos de sucesso, as pessoas podem receber pouco amor (elogios, reconhecimento e aprovação). Elas são tomadas por uma vaga inquietação, para a qual não há nome.

Tornam-se concisas, fechadas, perplexas e, às vezes, tomadas pela melancolia. Onde está toda a alegria e a felicidade que eles prometeram (eles significam os livros, os filmes e os programas de TV)? Se eles pararem demoradamente em sua estrada ilusória para o sucesso, sentirão que alguma coisa deve ter falhado.

Assim, o grito silencioso se ergue:

– Ouça-me, apoie-me, escute-me, ame-me, toque-me, segure-me, fale comigo. Quero sentir-me importante, quero significar alguma coisa.

Este é um desejo universal. Ninguém está livre dele, embora ele possa ser negado e reprimido.

Sugestão para leitura:

MCKAY, Mattew. *Auto-estima em primeiro lugar.* São Paulo: Gente, 2000.

"Não saia de vossa boca nenhuma palavra torpe e, sim, unicamente, a que for boa para a edificação, conforme a necessidade, e assim transmita graça aos que ouvem."

Carta de Paulo aos Efesos 4:29

2
Faixa 10

PALAVRAS DE ÂNIMO E APROVAÇÃO

"Talvez uma vez em cem anos alguém tenha se prejudicado por causa de elogios excessivos, mas com certeza uma vez em cada minuto alguém morre interiormente por falta de elogios."

Cecil G. Osborne

Pouco tempo atrás, quando encerrei uma palestra sobre a enorme necessidade que temos de aceitação por parte de outros, uma senhora segurou-me pelo braço.

– Professor Daniel, posso lhe contar um caso? Perguntou ela. Na verdade, é sobre uma atitude que meu filho tomou com relação à minha neta, que exemplifica justamente o que o senhor acabou de falar. Meu filho tem duas filhas, uma de cinco e outra de três anos. Já há um bom tempo, ele tem cultivado o hábito de convidar a mais velha para passear, só os dois. Agora, recentemente, ele resolveu fazer o mesmo com a menor. O primeiro passeio dos dois foi a uma lanchonete. Logo que chegaram os hambúrgueres, ele achou que seria o momento perfeito para dizer a ela o quanto a amava e a admirava.

– Isabela, quero que saiba que a amo muito; você é especial para o papai e para a mamãe. Temos muito orgulho de você.

Tendo dito isso, ele parou de falar e pegou seu sanduíche para começar a comer, mas não conseguiu levar à boca. Isabela esticou o braço e colocou a mãozinha sobre a mão do pai. Ela fitou os olhos dele e, com uma voz suave e doce, pediu:

– Fala mais, papai, fala mais.

Ele colocou o sanduíche na mesa e continuou a enumerar os motivos pelos quais ele e minha nora tanto a amavam.

– Você é muito carinhosa, uma boa irmã, cheia de energia...

Aí, novamente pegou o sanduíche e ouviu as mesmas palavras de novo. E isso aconteceu uma segunda, uma terceira, uma quarta vez, e a cada vez, as palavras se repetiam.

– Fala mais, papai, fala mais.

O pai não conseguiu comer o sanduíche, mas a filha se banqueteou com as palavras que toda criança deseja ouvir. Elas tiveram tal impacto sobre a menina, que alguns dias mais tarde ela correu para a mãe pulou no colo dela e disse:

– Mamãe, eu sou uma filha e tanto. Foi papai quem falou!

As palavras têm um tremendo poder; tanto para edificar, quanto para destruir-nos emocionalmente. E isso é ainda mais intenso dentro da família. Muitas são as pessoas que se lembram de elogios que receberam dos pais décadas atrás. Foram expressões de apoio e de carinho, que ajudaram a moldar suas vidas de forma muito significativa. Infelizmente, outras só se lembram de palavras negativas e ferinas. Estas também vêm carregadas de um poder de influência muito forte, porém, de efeito completamente contrário, o que é trágico.

O mesmo acontece no trabalho. Palavras de apoio são como interruptores de luz. Quando as ouvimos, surge uma gama de possibilidades quanto ao que podemos fazer e ao que podemos vir a ser.

"É tão bom ver você por perto!"

"Que pintura linda! Você tem um senso incrível de cores!"

"Puxa, você tem nos ajudado tanto."

São alguns exemplos de comentários que podem fazer diferença na qualidade de vida de crianças e adultos.

Apenas alguns momentos. Elogios simples. Mas a verdade é que podemos mover grandes objetos com pequenas alavancas. É possível dar aos outros, anos e anos de calor humano (ou de "gelo") pela alavanca de pequenos acontecimentos, pequenos comentários, pequenos encontros.

E essa alavanca está em nossas mãos... nas suas mãos. O tremendo potencial da edificação dos outros está ao seu alcance.

Sugestão para leitura:

MATTHEWS, Andrew. *Faça amigos*.
São Paulo: Best Seller, 2001.

"A coragem não consiste em arriscar sem medo, mas estar decidido quanto a uma causa justa."

Plutarco (50-125)
Filósofo grego

CORAGEM

"Ser corajoso [...] é uma oportunidade que mais cedo ou mais tarde se apresentará a todos nós."

John Fitzgerald Kennedy (1917-1963)
Presidente americano

A decisão havia sido tomada. As tropas tinham sido destruídas e os navios de guerra estavam a caminho. Cerca de três milhões de soldados preparavam-se para se arremessar contra o paredão nazista de Hitler na França. O dia "D" aproximava-se. A responsabilidade pela invasão recaía diretamente sobre as quatro estrelas nos ombros do general Dwight D. Eisenhower.

O general passou a noite anterior ao ataque com os homens da 101ª Tropa de Pára-quedistas. Eles chamavam a si mesmos de Águias Estridentes. Enquanto seus comandados preparavam planos e conferiam equipamentos, o general se dirigiu a cada soldado transmitindo palavras de ânimo. Quase todos os aviadores eram tão jovens que poderiam ser seus filhos. E ele os tratava como tais. Um correspondente escreveu que enquanto observava os aviões C-47 decolarem e desaparecerem na escuridão, Eisenhower permaneceu o tempo todo com as mãos afundadas nos bolsos e os olhos marejados de lágrimas. Em seguida, o general foi para o seu alojamento e sentou diante da escrivaninha. Pegou caneta e papel e escreveu uma mensagem que seria enviada à Casa Branca em caso de derrota.

Tratava-se de uma mensagem breve e, ao mesmo tempo, corajosa. "Nossa aterrissagem... fracassou... as tropas, a Aeronáutica e a Marinha cumpriram seu dever com coragem e devoção. Qualquer culpa ou erro em relação ao ataque devem ser atribuídos somente a mim."

Pode-se dizer que o maior ato de coragem naquele dia não se originou na cabine de um avião nem numa trincheira, mas numa escrivaninha quando o ocupante do posto mais alto assumiu a responsabilidade em lugar de seus subordinados. Quando o comandante assumiu a culpa – antes mesmo de precisar ser assumida.

Líder raro, esse general. Incomum demonstração de coragem. Ele exemplificou uma qualidade pouco notada em nossa sociedade de processos judiciais, exonerações, separações litigiosas, cassações etc. Quase todos nós estamos dispostos a receber o crédito pelo bem que praticamos. Alguns aceitam receber censura pelo mal que praticam. Mas poucos assumem responsabilidades por erros de terceiros. Um número menor ainda toma sobre si a culpa por erros ainda não cometidos.

Einsenhower fez isso. E se tornou um herói. Teve coragem. A coragem conserva a integridade, evita a vergonha e a culpa.

Viver é, antes de mais nada, um ato de coragem. Aqui não se trata de coragem no sentido físico, mas no seu sentido mais amplo e importante. O fator coragem, ao contrário do que muitos pensam, não se traduz por agressividade (característica dos valentões, inseguros, que confundem brutalidade e temeridade com coragem), nem por atitudes intempestivas, impensadas. Coragem tem no seu bojo virtudes como a serenidade, a paciência, a amabilidade e a solidariedade.

Para entendermos melhor as características do fator coragem, podemos dividí-la em tipos específicos:

CORAGEM FÍSICA

É a intrepidez para lidar com ameaças reais à integridade pessoal, física, ou outras situações de perigo que coloquem a vida em risco.

CORAGEM DE CONVICÇÃO

É o não ter medo de aceitar e propagar as suas crenças pessoais, independente de opiniões alheias contrárias e até de possíveis perseguições.

CORAGEM MORAL

É o destemor perante questões que envolvam julgamentos de atos e condutas que afrontem os bons costumes e as normas da boa convivência, optando por aquilo que for ético e justo, mesmo contrariando pessoas influentes e/ou do círculo de amizades.

CORAGEM SOLIDÁRIA

É o ato de se integrar ao grupo e de agregar valor pessoal ao coletivo, mas, principalmente, coragem para se envolver com o outro nas suas necessidades pessoais.

A coragem solidária parece algo fácil, porém exige renúncia do "eu" em prol do próximo, e isto pode ser muito difícil e doloroso na hora H. A coragem solidária, ainda, só está presente naquelas pessoas que já aprenderam amar o próximo. E, convenhamos, amar o próximo nunca foi tarefa fácil. Requer muita coragem.

CORAGEM EMOCIONAL

É a força que gera equilíbrio para se lidar com as circunstâncias dolorosas e adversas, mas que precisam ser enfrentadas sem procrastinação.

CORAGEM DE CRIAR

É o ímpeto de quebrar velhos paradigmas que aprisionam em medíocre rotina e de inovar na maneira de ver as coisas e na forma de fazê-las de um jeito diferente ou, em outras palavras, buscar novas soluções para velhos problemas; não se conformar com as coisas "que sempre foram assim", usar uma nova abordagem para tudo o que nos cerca, quebrar, conscientemente, a corrente da mesmice.

CORAGEM DE PERDOAR

Um grau acima de coragem solidária, a coragem de perdoar é o carro-chefe da tipologia, é o grau mais elevado de coragem como atributo do caráter humano, de fato, difícil de ser encontrada em inúmeras pessoas, verdadeira *avis rara* na sociedade doentia em que vivemos. Só como exemplo, você teria coragem de perdoar um inimigo? Embora extremamente complexa, a coragem de perdoar é uma qualidade que deve se buscar no âmago de cada um de nós, burilada, exercitada diariamente, pois, além de benéfica, é a prova cabal do nosso amadurecimento como seres moldados à imagem e semelhança de Deus, mestre da coragem e das realizações impossíveis.

Uma pergunta, você é realmente uma pessoa de coragem?

***Sugestão para leitura*:**

LUCADO, Max. *Quando os anjos silenciaram*. Campinas: United Press, 1999.

GILLEY, Kay. *Liderança com o coração aberto*. São Paulo: Cultrix, 1999.

---

1. D-Day Recalling Military Gamble that shaped History in time, 28-5-1984, p.16.

"Eu sempre me arrependo do que falei; nunca me arrependi quando me calei."

Autor não identificado

A REFINADA ARTE DE OUVIR

"As grandes pessoas monopolizam a arte de escutar. As pequenas, a arte de falar."

David Schwartz

Quando a Western Union solicitou a Thomas Edison que "estipulasse seu preço" para a máquina perfuradora de fita que ele inventara, Edison pediu alguns dias para pensar no assunto. Sua esposa sugeriu 20 mil dólares, mas ele considerou essa quantia exorbitante.

No dia combinado, ele compareceu à reunião, ainda incerto sobre o preço de seu invento. Quando o presidente da mesa lhe perguntou quanto queria pelo invento, ele tentou dizer 20 mil, mas as palavras não saíram de sua boca. O presidente finalmente quebrou o silêncio e perguntou:

– Que tal 100 mil?

Geralmente, o silêncio permite que outras pessoas digam algo melhor do que nós diríamos!

Lembro-me de uma anedota de uma mulher que se queixou de que estava ficando gripada e seu marido levou-a ao médico. O médico imediatamente colocou um termômetro na boca da mulher e disse:

– Fique sentada ali por cinco minutos, sem se mexer. A mulher obedeceu.

O marido ficou surpreso e fascinado. Quando o médico retornou para a sala de exames, o marido apontou entusiasmado para o termômetro e disse:

– Doutor, quanto o senhor quer por ele?

Ouvir é uma arte refinada e que deve ser cultivada como parte de nossa personalidade. Aqueles que têm habilidade para ouvir são pessoas de grande valor.

Ouvir é uma habilidade essencial para criar e manter relacionamentos. Se você é um bom ouvinte, perceberá que atrai os outros. Os amigos confiam em você e as suas amizades se aprofundam. O sucesso chega com um pouco mais de facilidade porque você escuta e compreende as pessoas.

As pessoas que não escutam são chatas. Elas não parecem interessadas em ninguém a não ser nelas mesmas. Afastam amigos e admiradores potenciais transmitindo a mensagem: "O que você tem a dizer não me interessa muito". Como resultado, com freqüência, sentem-se sozinhas e isoladas. A tragédia é que as pessoas que não ouvem, raramente percebem o que está errado. Elas mudam de perfume ou de colônia, compram roupas novas, se esforçam para ser engraçadas e falam sobre coisas "interessantes". Mas o problema subjacente permanece. Não é divertido conversar com elas porque sempre temos a impressão de que não nos ouvem.

Escutar é um elogio porque é dizer para a outra pessoa: "Eu me importo com o que está acontecendo com você, a sua vida e a sua experiência são importantes". Geralmente, as pessoas reagem ao elogio que você lhes faz ao ouví-las, gostando de você e valorizando-o.

Quanto menos falar, melhor se expressará. Não criaremos problemas para nós por aquilo que não dissemos. Assim como Edison, podemos até tirar proveito de nosso silêncio, ouviu?

Sugestão para leitura:

MCKAY, Mattew. *Mensagens: Como obter sucesso aperfeiçoando sua habilidade de comunicação.* São Paulo: Summus, 1999.

"Integridade é uma questão de certo ou errado, não é uma questão política."

Autor não identificado

INTEGRIDADE

"São as ações dos homens e não as palavras que expressam seus pensamentos."

John Lackes

O dom de falar já lhe trouxe problema? Muitos problemas? Os seus exercícios de ginástica mental já incluíram "tirar conclusões precipitadas" e "ter um acesso de raiva"?

Você detesta encontrar impostores? Você já concentrou o seu ódio sobre um grande desajeitado? Você já tentou construir o seu sucesso sobre a derrota de outrem? Você já lutou com os altos e baixos do complexo de culpa?

Se você respondeu *sim* a qualquer dessas perguntas, este artigo é para você. Entre no nosso clube. Conheço várias pessoas que podem juntar-se a mim ao responder afirmativamente a qualquer uma delas. Embora eu tenha um desejo exaustivo de ser íntegro, diligente e de levar uma vida de excelência, algumas vezes, como muitos outros, sinto-me um hipócrita, um fraudulento – afirmando uma coisa e experimentando outra.

Como educador e profissional da área de Qualidade e Recursos Humanos, aconselhei centenas de alunos e escrevi vários artigos para várias pessoas, muitas das quais expressaram sofrimento agudo por causa da culpa experimentada em vista da tremenda disparidade entre o seu verdadeiro estado emocional e a sua percepção da maneira como deveriam ser ou agir. É como viver na "terra de ninguém".

A coisa é simples e clara. Algumas vezes, nos falta integridade. Outras vezes, sentimos que vamos enlouquecer. Não nos orgulhamos disso, mas essa é a realidade.

Não me contento, porém, em ficar marcando passo. E você? Quero crescer – fazer o meu próprio "Kaizen". Não quero continuar sendo como sou, quero melhorar. Essa é a questão fundamental.

Firme. Verdadeiro. Total. Completo. Honesto. Idôneo. Leal. Honrado. Virtuoso. Moral. Qualquer definição de integridade incluirá algumas dessas palavras. Não seria ótimo personificar perfeitamente esses termos – o tempo todo?

Sim, seria, mas quase todos nós não passamos de espectadores nesta vida. Vibramos vicariamente através daqueles que ultrapassaram a esfera da normalidade. A vida é como um jogo. O verdadeiro entusiasmo está em participar, e não em observar.

É claro que há segurança no banco do espectador. O goleiro reserva não fica machucado. É fácil recusar o convite para entrar em campo quando se está abrigado, a salvo, na arquibancada principal. Podemos gritar sugestões sem ter de comprovar pessoalmente o resultado de nossas "idéias brilhantes" ou nos responsabilizar por elas.

A integridade do indivíduo é testada no campo de jogo. Que tal experimentar? Os ajustes, a honestidade e o sofrimento valerão a pena.

Pense nisso!

Sugestão para leitura:

FREEMAN, Joel. *Vivendo com sua consciência*. Candeia: 1993.

"É melhor recusar a isca do que se debater na armadilha."

John Dryden (1631-1700)
Poeta, escritor e crítico literário inglês

QUAL É O SEU PREÇO?

" ...uma coisa é ser tentado; outra coisa é deixar-se vencer pela tentação."

Willian Shakespeare (1564-1616)
Poeta e dramaturgo inglês

Moço, quer vender as suas calças? Parece que elas me servem. Eu estava indo para uma reunião muito importante quando rasguei as minhas. Por favor, ajude-me. Venda-me suas calças, pediu ele. Aqui estão vinte reais.

O cidadão do tipo engomado, com um certo ar de executivo, ficou parado um momento, olhando para o estranho da cabeça aos pés, com uma mescla de surpresa e cinismo.

– Não, gaguejou ele, não posso fazer isso.

O vídeo parou repentinamente nesse ponto, enquanto sorridente e vibrante, o apresentador do programa de televisão *Tudo Por Dinheiro* voltou-se para a jovem que estava ao seu lado:

– O que você acha? Ele ficou com as calças ou as vendeu ao homem da rua? Enquanto você decide, nossos comerciais, por favor, disse com grande e fingido sorriso, acrescentando com seriedade, não mude de canal!

Engoli a isca. Agüentei o bombardeio da propaganda, esperando para ver o que o homem da rua faria. Uma coisa era certa. Seu eu tivesse no lugar dele, não venderia minhas calças por preço nenhum. Bem, por QUASE nenhum preço.

O auditório bateu palmas e gritou na hora certa quando o programa voltou após os comerciais. Depois de uma breve introdução, o mesmo segmento de vídeo foi repetido desde o início e chegou ao ponto em que o homem recusou a oferta. Eu ri nervoso, enquanto pensava como seria estar naquela situação embaraçosa.

– Trinta reais. Ou, que tal, cinqüenta reais? Esta é uma emergência. Preciso realmente das suas calças, disse o ator, enquanto balançava mais dinheiro na mão.

– Isso pelas minhas calças?

A vítima pareceu um pouco mais interessada, com as notas bem à vista.

– Sim senhor. Mas preciso delas agora, respondeu ele descaradamente.

– Aqui?

O homem olhou ao redor para as pessoas que passavam pela rua movimentada, sem saber que uma câmera oculta registrava seu ar de completo embaraço.

– Não posso fazer isso, declarou freneticamente.

O ator pôs de lado as objeções dele.

– Está bem, mas e se eu oferecer setenta reais? Preciso muito de suas calças!

– Setenta reais?

Eu quase podia ver a fumaça saindo de sua cabeça enquanto calculava o número de calças que poderia comprar com essa quantia.

– Aceita? O ator indagou, consultando dramaticamente o relógio, estou atrasado, disse enquanto mostrava mais algumas notas. Esta é minha oferta final: cento e vinte reais. São seus. Tire, tire, ele insistiu, preciso mesmo das suas calças.

Eu não podia acreditar! Bem ali, em plena luz do dia, no meio de uma rua junto a um cruzamento movimentado, o homem abriu o cinto. Num piscar de olhos, as calças caíram no chão.

Inacreditável! Tudo por dinheiro! O show de televisão tinha recebido um nome adequado, porque o conceito subjacente prende-se a uma noção muito difundida – todos têm o seu preço. Ou não? Pense seriamente nisso – a integridade compensa.

Sugestão para leitura:

BLANCHARD, Kenneth. O *poder da administração ética*. Rio de Janeiro: Record, 1994.

"Sabedoria é o conhecimento que enxerga o coração das coisas, que as conhece como elas realmente são."

J. Armitage Robinson

"A sublimidade da sabedoria está em fazer, enquanto se está vivo, as coisas que serão desejadas quando se estiver morrendo."

Jeremy Taylor (1613-1667)
Teólogo inglês

SABEDORIA: A LUZ ETERNA QUE HABITA EM VOCÊ

"Desenvolva a sabedoria, o bom julgamento e o senso comum. Isso irá protegê-lo."

Provérbios, 4:5

Em nossa cultura, vivemos equivocadamente com a idéia de que a informação é o que torna as pessoas eficientes e poderosas. As pessoas vão à escola por anos para adquirir informações o bastante para saber como fazer algo, na esperança e na expectativa de que as informações as levarão ao sucesso na vida. Todavia, embora valiosas, as informações sozinhas não são a fonte da ação, nem levam alguém a ser eficiente e poderoso no mundo.

Há uma diferença entre adquirir conhecimento e informação e possuir sabedoria. Você poderá obter conhecimento em uma universidade, com os seus relacionamentos, com os livros que lê, e com todas as atividades das quais participa. Mas você estará também adquirindo sabedoria?

O dicionário define "sabedoria" como "a qualidade de ser sábio... inclui a habilidade para julgar e lidar com pessoas, situações etc., de forma correta, baseada em um grande alcance de conhecimento". Em outras palavras, o sábio é aquele que tem a habilidade para ver o significado profundo das coisas. Mas, para manifestar sabedoria, o indivíduo deve ter desenvolvido uma certa profundidade de reflexão. Então, estaremos em posição para avaliar as nossas experiências e aprendermos com elas.

O que você faria se alguém lhe garantisse que você conhece o segredo da vida e o colocasse num palco para contá-lo? Um determinado programa de televisão no estilo câmera oculta criou uma "pegadinha" exatamente sobre este tema. Para a realização da brincadeira, deram a um entregador da Federal Express, um pacote para ser entregue num templo religioso (também criado pelo programa). Sem que o entregador soubesse, a equipe conseguira uma fotografia sua para reproduzi-la na parede do templo, com os trajes místicos da fictícia seita.

Com a chegada do entregador, os discípulos (figurantes contratados pela emissora) começaram a olhá-lo de modo estranho, enquanto cochichavam excitadamente. Conduziram-no para dentro do templo e o convidaram para sentar numa almofada de honra. Revelaram-lhe que ele era o escolhido, o esperado profeta de que falavam suas escrituras havia tanto tempo! E para que não restasse dúvidas, um dos servos abriu as cortinas do altar – onde, oh céus! – via-se na parede um retrato do entregador, "pintado há séculos por um vidente".

– Por favor, rogou um discípulo, dê-nos algumas palavras de sabedoria.

O moço examinou o retrato e olhou para os ansiosos discípulos à sua volta. Silêncio. Após sentar-se na almofada, o entregador respira fundo e diz:

– A vida, explicou o santo, é como um rio...

– Oh!!! Clamavam os discípulos, pasmados com a sua declaração. Bebiam fervorosamente cada palavra sagrada.

– Às vezes, o rio flui tranqüilamente. Mas, às vezes, nos deparamos com pedras e cachoeiras, ilustrou o guru. Mas, se você se apegar na fé, em breve chegará ao oceano dos seus sonhos.

Com esta, os discípulos quase desmaiaram de êxtase!

– Oh!!! Com toda certeza chegara o dia que eles tanto esperavam!

– É isso aí... conclui Swami Fedex, agora vocês me dêem licença que eu tenho outras entregas para fazer.

Os devotos levantaram-se contrariados, curvaram-se reverentemente e abriram caminho para a passagem do ungido. E lá se foi o entregador, em meio à profunda veneração, em direção à porta.

Note agora um detalhe curioso desta situação: o programa fez a mesma brincadeira com vários entregadores da Fedex e todos encontraram palavras cheias de sabedoria no momento em que se sentaram na almofada! O convite a um mergulho no mundo interior trouxe à tona a sabedoria inata daqueles entregadores.

Bem no fundo do nosso coração, cada um de nós tem conhecimento da verdade. As respostas que procuramos habitam dentro de nós mesmos. Basta uma oportunidade (ser colocado sobre a almofada) ou um desafio (ser pressionado contra a parede) e saberemos exatamente o que é preciso saber, o que é necessário fazer.

O Criador colocou, nas profundezas do nosso coração, a semente da sabedoria, basta apenas um pouco de reflexão e nos despojarmos dos nossos preconceitos para que ela floresça com todo vigor e beleza. E então, nas nossas atitudes e decisões, haverá sobriedade, clareza, compreensão, assertividade, justiça, respeito, comprometimento etc., e enfim, sabedoria.

Sugestão para leitura:

MCDONALD, Gordon. *Ordering Your Private World*. Nashville: Thomas Nelson Publishers, 1984.

"Algumas vezes, a verdade é assustadora, mas sempre vale a pena conhecê-la."

Thomas Winning (1925-2001)

2
Faixa 11

SER DE VERDADE

"Diga a verdade, e fuja."

Provébio iugoslavo

Faz algum tempo descobri um livrinho de história para crianças que continha uma mensagem para adultos. A mensagem principal é um pequenino coelho de pelúcia, novinho e brilhante, que se transforma num coelho de verdade, deixando de ser apenas um brinquedo numa prateleira. E enquanto está enfrentando os primeiros conflitos na tentativa de se ajustar (como talvez você esteja enfrentando, com relação ao conceito de autenticidade), entra em conversa com um velho, gasto e querido cavalo de pano. E como o diálogo que os dois travam, explica claramente o que penso a respeito do tema "ser de verdade"....

O cavalinho era o brinquedo mais antigo daquele quarto de criança. Era tão velho que seu pêlo castanho mostrava muitas falhas, aparecendo a costura embaixo dele. A maior parte dos pêlos de sua cauda haviam sido arrancados para fazerem colarzinhos de contas. Ele era bastante experiente, pois já vira inúmeros brinquedos automáticos chegarem ali cheios de orgulho e arrogância, mas que, com o passar do tempo, quebravam as cordas e morriam. Ele sabia que todos não passavam de meros brinquedos, e que nunca passariam disso. Pois a magia do quarto de brinquedos é estranha e maravilhosa, e somente aqueles que já eram velhos, sábios e experientes como o cavalinho, a compreendiam bem.

– O que é ser de verdade? Indagou o coelhinho certo dia, quando estava deitado ao lado do cavalinho, perto da lareira, antes da camareira vir arrumar o quarto. É ter dentro da gente uma coisinha que faz um zumbido e uma chavinha de dar corda?

– Ser de verdade não tem nada a ver com a maneira como somos feitos, respondeu o cavalinho, é uma coisa que nos acontece, quando uma criança nos ama durante um longo tempo, isto é, gosta não apenas de brincar conosco, mas nos ama realmente, então passamos a ser de verdade.

– E isso dói? Perguntou o coelhinho.

– As vezes dói, disse o cavalinho, pois não gostava de esconder a verdade, mas quando somos de verdade não nos importamos muito com a dor.

– E acontece de uma vez só, como quando nos dão corda, ou é pouco a pouco? Quis saber ele.

– Não, é de uma vez só, explicou o cavalinho, a gente vai se transformando.

Leva muito tempo. É por isso que aqueles que se quebram facilmente, ou têm arestas cortantes, ou têm que ser manejados com cuidado, não podem passar por esses processos. De um modo geral, quando afinal nos tornamos de verdade, nosso pêlo já foi arrancado pelos carinhos, os olhos já caíram, estamos com as juntas soltas e muito surradas. Mas nada disso tem importância, porque depois que somos de verdade não somos mais feios, a não ser para as pessoas que não entendem essas coisas.

Essa bonita transformação interior, de nos tornarmos autênticos, requer tempo. Pense nessa possibilidade... pense em coisas como autenticidade, humildade genuína e sinceridade absoluta.

Ser autêntico: essa é a principal mensagem desta estória, ser exatamente como somos interiormente.

Sugestão para leitura:

WILLIANS, Margery. *The velveteen rabbit*.

**"É a mente que faz a bondade
e a maldade.
Que faz a tristeza ou a felicidade,
a riqueza e a pobreza."**

Edmund Spenser (1552-1599)
Poeta inglês

Faixa 12

O EFEITO NOCEBO

"Você vê coisas que existem e diz:
'Por quê?'
Mas eu sonho coisas que nunca existiram e digo:
'Por que não?'"

George Bernard Shaw (1856-1950)
Dramaturgo irlandês

Muita gente conhece o efeito placebo, ele esta há décadas documentado nos estudos médicos. Placebo é o efeito positivo causado exclusivamente pela fé ou a esperança de que algo pode dar certo.

A palavra "placebo" vem de um verbo latino que significa "saciar-me-ei". Assim, no sentido clássico, um placebo é uma imitação de um remédio – em geral um inócuo comprimido, água com açúcar, no formato de uma pílula autêntica – prescrita mais com o objetivo de acalmar o paciente do que para satisfazer uma necessidade orgânica claramente diagnosticada.

Quando o resultado final é positivo, isto é, o paciente tem uma melhora significativa ou até é curado, ocorreu o efeito placebo.

Nos últimos tempos, os médicos começaram a prestar atenção no irmão maligno do efeito placebo, o efeito nocebo. O nome pode ser novo, mas é provável que você saiba como funciona. O efeito nocebo acontece quando expectativas negativas geram resultados negativos.

Estudos bem recentes determinaram que o efeito placebo ou nocebo são mais poderosos do que se imaginava anteriormente. Portanto, cuidado com o que você acredita – pode acabar acontecendo.

"Eu nunca poderia...

Eu não mereço...

Eu não devo...

Eu não tenho capacidade para isso."

Você alguma vez já pronunciou uma destas frases? Pode ser que sim, quer você tenha a lembrança consciente ou não. Muitos de nós somos programados com crenças que representam limitações – o que podemos fazer, o que podemos ser, o que merecemos – de maneira que romper e superar essas crenças é realmente importante.

O que determina o seu comportamento é aquilo que você acredita. Isso acontece no amor, assim como nos negócios e na vida em geral. O que você acredita que é verdade sobre si mesmo se transforma em realidade graças ao elo inquebrável que existe entre as crenças e os atos. Se você acreditar que vai fracassar, fracassará. Por outro lado, se acreditar que vai ter sucesso, terá sucesso. Se acreditar que não merece o que deseja, seja lá o que for, não vai conseguir. Em contrapartida, se acreditar que merece tudo de bom que a vida tem, estará receptivo a isso. Se você se convencer de que não tem capacidade, tratará de assegurar que não tem mesmo. Se acreditar que possui exatamente o que precisa para conseguir alguma coisa, então provavelmente conseguirá. Como disse Henry Ford, "se você acha que pode, ou que não pode fazer uma coisa, você tem razão". O que você acredita sobre si mesmo e sobre as circunstâncias que o cercam causa um impacto direto na realidade.

O antídoto para o efeito nocebo é a sua imaginação. A sua imaginação pode ser usada para identificar e exorcizar as crenças limitadoras. Comece abrindo a tampa lacrada dos sonhos. Remova o teto interno que você mesmo colocou, mova-se na imaginação e deixe a criança que há em você sonhar, fantasiar e criar, a partir daquele ponto interno em que sente a fagulha inicial do desejo. Vá para aquele lugar da infância onde você pode ser, fazer e ter tudo o que quiser.

O que você quer ser? O que quer fazer? Para onde quer ir? O que deseja ter? Assuma o poder para ser maior do que jamais imaginou, o poder de executar façanhas que o impressionam e ter tudo que a sua imaginação inventar.

Imagine que o mundo é a sua tela e que você tem todas as ferramentas, tempo e capacidade para criar a realidade que o seu coração desejar, qualquer que seja. Que aparência teria a obra-prima da sua existência?

O objetivo desse exercício de imaginação não é necessariamente forçá-lo a modificar radicalmente a sua vida, nem é sugerir que você deva abandonar toda a sensatez, amarrar uma capa vermelha às costas e pular de um prédio muito alto, achando que vai voar. Ao contrário, o objetivo é abrir a mente para considerar as possibilidades. Se você vai passar de "eu nunca poderia" para "sim, eu posso", e de "eu não tenho capacidade para isso" para "eu posso enfrentar esse desafio", então você deve expandir os limites das decisões e das crenças.

Por isso, se você deseja alegria, prosperidade e relacionamentos significativos, pense nestas mesmas coisas e jogue fora o frasco de nocebos!

Sugestão para leitura:

PEIFFER, Vera. *Para uma pensamento mais positivo.* Rio de Janeiro: Record, 2001.

"Quando a porta da felicidade se fecha, outra se abre, mas normalmente olhamos tão intensamente para a porta fechada que não vemos a outra que se abriu para nós."

Helen Adams Keller (1880-1968)
Escritora e conferencista americana

O LEÃO E A HIENA

"Oh, vida...! Oh, azar...!"

Expressão usada por Hardy,
a hiena, no cartoon dos anos 60
(Lippy, o leão e Hardy há-há)

Nos anos 60, havia um desenho animado (esse era o nome que se dava para os atuais cartoons) que retratava dois personagens – Hardy, a hiena, sempre pessimista e Lippy, o leão, um eterno otimista. Em cada história, Hardy já antevia um desfecho catastrófico para todas as situações em que se envolvia. A hiena repetia o bordão "Oh, vida...! Oh, azar...!". Era, sem dúvida, o exemplo da pessoa marcada pelo pessimismo.

Você costuma reclamar, resmungar ou entender errado o que os outros dizem? As queixas não são necessariamente negativas. Quando oportunamente utilizadas, podem ser ferramentas poderosas. Há momentos em que as queixas são tão garantidas, quanto frases para resolver uma situação que não seja do seu gosto.

As queixas são uma oportunidade de restaurar a integridade da vida. Quando uma queixa é dirigida à pessoa que pode realmente remediar a situação, ela pode ser o estímulo para ocasionar a ação necessária. As queixas levam as pessoas a relembrar e a revitalizar relacionamentos, colocando no lugar o que estiver faltando. Elas podem servir para fortalecer as alianças e corrigir desentendimentos.

Todavia, quando você reclama incessantemente, sem tomar as medidas necessárias para resolver uma situação, as queixas não o ajudam em nada. Reclamar para as pessoas que não podem fazer nada para resolver a pendência é perder o seu tempo e o delas. Fazer algo para pôr um fim a este tipo de comportamento improdutivo e derrotista pode melhorar bastante a sua vida.

Por que a reação pessimista? Ela é típica de quem já passou por situações que provocaram grande sofrimento. Foram dias de dor, que trouxeram vergonha, humilhação, desilusão e injustiça.

Essas experiências vão provocando feridas, criando complexos, deixando cicatrizes, e os traumas dessas lembranças mudam o nosso comportamento, o nosso modo de pensar e de sentir. Nós nos tornamos defensivos, amedrontados, como se fôssemos nosso próprio adversário. Nossas palavras reforçam negativamente as experiências traumáticas e nos aprisionam no pessimismo. "Oh, vida..! Oh, azar...! Não é fácil...!".

Preste atenção às palavras de uma pessoa e você poderá descobrir o que está dentro do coração dela. Irá identificando os sentimentos abrigados, os ressentimentos escondidos, as alegrias reprimidas, a desconfiança, o medo... Ou seja, podemos perceber as marcas que foram deixadas ao longo da vida dessa pessoa. Serão como placas sinalizadoras que, afixadas no coração, nortearão as atitudes dali para frente, pelo pessimismo, pela descrença, pelo medo. Resumindo: um queixoso, um lamuriento.

Se você pensa que é fácil, não é difícil. Se você pensa que é difícil, não é fácil. Ou seja, se você pensa que é fácil, é fácil. Se você pensa que é difícil, é difícil. É do jeito que você pensa que é. "Oh, vida... não é fácil" é um grito de lamentação de quem está confessando coisas como:

- é difícil ser um vencedor;
- só com muita luta se vence;
- tem muito obstáculo pela frente;
- dá vontade de desistir;
- a vida é uma dureza;
- o mundo é ruim.

É um monte de coisas ruins que passam pela cabeça de quem abriga esta crença. Olhando para os quatro lados, ela só acredita em empecilhos e rancor. Leva uma vida amarga.

Por outro lado, tem gente aí sorrindo à toa. Gente que, por pensar diferente, se comporta na vida de forma mais tranqüila e serena. Vamos pensar em duas pessoas que estejam enfrentando o mesmo problema. O mundo em que vivem é o mesmo; as chances que têm de triunfar são as mesmas. Terão a mesma visão do problema? Adotarão exatamente as mesmas atitudes e reações? Sabemos que não.

Cada um age à sua maneira. O que diferencia duas pessoas diante do mesmo problema? A diferença está na maneira como vêem a vida. Queixosos e lamurientos verão o problema como mais um daqueles obstáculos intransponíveis e mesmo que façam pequenos esforços para superá-los, guardarão consigo a impressão de que fizeram um estupendo esforço. Os confiantes e serenos, enfrentarão o problema com naturalidade dando-lhe a importância relativa.

Antes de se queixar, verifique se é uma queixa legítima, fundamentada e justa. Se não for, certamente será uma lamúria, fruto de seu descontentamento com o mundo. Neste caso você deve se perguntar: o que devo fazer para resolver esta situação sobre a qual reclamo continuamente?

A resposta a essa pergunta o guiará a transformar tais lamúrias em ações proativas. Não como a hiena Hardy, que se lamenta da desgraça antes que ela aconteça e predispõe-se a receber o pior, abrigando em si a atitude negativa e perdedora.

Precisamos despertar o leão que enxerga de outra maneira:

- sou feliz;
- para mim tudo dá certo;
- o que é ruim dura pouco;
- bom é ver o lado bom da vida;
- sou uma pessoa de sorte.

A causa do sucesso e do insucesso está na mente de cada um. Uma mente inundada por crenças negativas, impede que a pessoa veja algo além da desgraça e do infortúnio. Uma mente tomada por pensamentos elevados, cria um ambiente propício para o êxito e a vitória.

Alguma queixa?

Sugestão para leitura:

T. ANDERSON, Neil. *Vitória sobre a escuridão.*
São Paulo: Unilit, 1996.

"Tudo o que é respeitável, tudo o que é justo, tudo o que é puro, tudo o que é amável... Seja isso o que ocupe o nosso pensamento."

Carta de Paulo aos Filipenses, 4:8

Faixa 13

EVITE A INCAPACIDADE CONDICIONADA

"Os hábitos são como os cabos. Traçamos um fio deles a cada dia, e logo eles não podem mais ser rompidos."

Horace Mann (1796-1859)
Educador e líder político americano

Avalia-se que oitenta por cento dos relógios dos videocassetes existentes no mundo não estão acertados, porque seus proprietários acharam complicado demais programá-los. Grande parte das pessoas nem mesmo tenta. Isso é um exemplo de incapacidade condicionada. Diversos colegas meus se tornaram especialistas nisso. "Não posso fazer nada em relação ao que está acontecendo comigo, portanto, de que adiantaria tentar?" De que adiantaria? Se você não agir em relação a vida, ela agirá em relação a você.

Se não encontrar um sentido para a sua vida, ela fará isso por você. Se não decidir aonde quer chegar, provavelmente a vida o levará a um lugar onde você nunca quis estar.

Faça este teste: feche os seus olhos e imagine uma lousa. Agora imagine que você tem unhas compridas nas mãos. Conforme você arrasta suas unhas pela superfície da lousa, ouça o estridente som que isso produz. Você não sentiu um arrepio, como se estivesse mesmo lá fazendo a coisa. Se você visualizou claramente o exercício, você sentiu.

A capacidade pessoal deriva da habilidade de responder a qualquer situação com total controle sobre seus pensamentos e ações. Cada pensamento que você gera, cria uma resposta física em seu corpo que desprende energia, de acordo com o pensamento. A mente não pode distinguir quimicamente entre a realidade e um pensamento imaginado vividamente. É por isso que as pessoas choram quando assistem a filmes tristes.

Sempre que você tiver um pensamento e agir como se ele fosse real, ele se tornará real para você. Repita o mesmo pensamento ou outro parecido com alguma freqüência e ele se tornará uma profecia auto-realizadora. Se você quiser manifestações positivas de pleno potencial e capacidade, pense positivo e tenha atitudes positivas. Como você está no controle de seus atos, desde que decida estar, opte por concentrar-se em pensamentos que o aproximem da pessoa que você decidiu ser. Atitudes negativas, fofocas, medo, inveja e coisas parecidas não devem comandar a sua vida e a sua atenção, mas comandarão se você permitir. Talvez você não consiga impedir que uma mudança indesejável ocorra na sua vida, mas pode se programar para tomar medidas positivas e aproveitar ao máximo a novidade. Você não é incapaz. Você tem um poder enorme para agir, estabelecer objetivos e ir atrás deles. Existem milhões de pessoas neste mundo que superaram desafios tremendos e foram bem-sucedidas.

Nelson Mandela descreveu longamente como o pensar positivo o ajudou a manter uma atitude positiva durante os 27 anos em que esteve preso: "Eu pensava sempre no dia em que sairia. Fantasiava e voltava a fantasiar sobre o que gostaria de fazer", escreveu ele, em sua autobiografia.

Tome medidas coerentes, aproximando-se de sua meta de se tornar a pessoa que escolheu ser. Crie uma imagem mental vívida, detalhando seu estado desejado. Descreva como cada aspecto de sua vida será, como se você já houvesse atingido este estágio. Assuma todas as qualidades coerentes com a pessoa que você pretende ser e você se transformará de acordo com o que você idealizou.

Agora acerte o relógio do videocassete, tenho certeza que você consegue. Boa sorte!

Sugestão para leitura:

HARREL, Keith. *Atitude é tudo*.
São Paulo: Futura, 2001

"Não há segurança no mundo, só oportunidades."

Douglas McArthur (1880-1964)
General americano

BRAÇOS, PERNAS E RESPIRAÇÃO

"Nunca lhe deram oportunidades? Mas já pensou em criá-las por si mesmo? As pessoas estão sempre culpando as circunstâncias pelo o que são. Eu não acredito em circunstâncias. As pessoas que vão para a frente neste mundo são as que se levantam, procuram pelas circunstâncias que querem e, se não as encontram, as criam."

George Bernard Shaw (1856-1950)
Dramaturgo irlandês

Era uma vez um garoto... Você deve estar pensando: "Esta história de era uma vez é coisa para criança dormir". Concordo plenamente, mas é também coisa para acordar adulto.

Continuemos então. Ele vivia em uma grande cidade. Desde o nascimento, respirava fumaça de escapamentos, ouvia o barulho ensurdecedor de motores e buzinas. Apreciava também os grandes edifícios e o tom cinzento que eles davam à cidade. Estava muito feliz.

Mas em um Verão, quando tinha quatro anos, foi pela primeira vez visitar seus avós que moravam no interior, nas proximidades de um bonito lago. O pequeno garoto nunca tinha visto um lago antes.

A primeira vez que viu o lago, ficou boquiaberto. O lago era maravilhoso. Tinha apenas um quilômetro de largura, mas para seus pequenos brilhantes olhinhos, o lago se estendia para o infinito, refletindo a luz do sol como se estivesse coberto por milhões de diamantes. Ele não conseguia afastar os olhos de lá.

Todos os dias ia ao lago e observava horas e horas, aquilo simplesmente o fascinava.

Logo aprendeu os diferentes comportamentos do lago. Alguns dias calmo e tranqüilo, em outros, a superfície do lago se tornava turbulenta, escura e perigosa.

Um dia aconteceu algo que ele jamais esqueceria. Depois de uma grande tempestade, ele ouviu seus avós conversando a respeito de alguém que havia se afogado.

Depois disso, ainda ficava horas observando o lago. Mas agora ele não contemplava a beleza. Sua meditação era sobre a extensão, a profundidade, a turbulência e a imprevisibilidade de seu comportamento.

Em uma manhã, enquanto estava absorto em suas reflexões, o avô sentou-se ao seu lado e perguntou:

– Em que estava pensando?

– No lago, vovô, respondeu o menino, e naquele homem afogado. O lago matou ele, não foi?

– Sim, respondeu o avô.

– Bem, eu tenho medo, continuou o garoto, talvez ele possa me matar um dia.

O avô contemplou o lago por alguns segundos e disse calmamente.

– Então nós precisamos aprender a nadar.

– Nadar?

O garoto nunca tinha ouvido falar nessa palavra antes.

– Nadar? O que é nadar vovô?

– É manter domínio e controle sobre o lago, respondeu o avô.

Os olhos do garoto arregalaram-se.

– Isso quer dizer que nunca mais sentirei medo do lago?

– Exato, disse o avô sorrindo.

Na manhã seguinte, entusiasmado e com um sorriso nos lábios, o garoto foi até uma das janelas para o lago e gritou:

– Eu não tenho medo, nunca mais terei. Eu vou aprender a nadar. E, pacientemente, durante o resto do mês, ele foi até lá com seu avô que lhe ensinou a nadar.

Ele aprendeu que havia três partes essenciais na arte de nadar: braços, pernas e respiração.

No Verão seguinte, quando ele retornou, o avô lhe ensinou um pouco mais. Verão após Verão, ano após ano o garoto desenvolvia habilidade e, num determinado momento, já atravessava o lago com desenvoltura. Ele havia aprendido a nadar.

Agora, não mais via o lago como antes, agora entendia que os perigos que o lago oferecia eram necessidades de qualificação.

O lago é perigoso... se você não sabe como nadar.

O lago pode afogá-lo... se você não souber nadar.

O lago pode matá-lo... se você não sabe como nadar.

Desde que aprendeu como nadar, o lago foi se transformando e ele também. Habilidades de sobrevivência fazem a diferença no mundo. Elas transformam as nossas percepções do mundo.

Para mim, nessa parábola, o garoto é um profissional qualquer, um profissional em busca de uma colocação, alguém querendo mudar o rumo de sua carreira. O lago é o mercado de trabalho e nadar é a habilidade necessária para enfrentar o lago em tempestade.

Para nadar na água há três variáveis: braços, pernas e respiração. Aprender a nadar no mercado de trabalho também tem três variáveis: O QUÊ, ONDE e COMO.

O QUÊ

A questão aqui é QUAIS SÃO AS HABILIDADES que você mais sente prazer em praticar? Para responder esta questão, você precisa identificar as habilidades, dons ou talentos que você tem, e então priorizá-los em ordem de importância e satisfação para você. Experts chamam isso de habilidades transferíveis, porque elas são transferíveis para quaisquer campos ou carreiras que você escolha.

ONDE

A questão aqui é ONDE VOCÊ MAIS DESEJA USAR ESSAS HABILIDADES? Isso com o campo de conhecimento que você já adquiriu e naquilo que mais lhe dá prazer.

COMO

A questão aqui é COMO ENCONTRAR TAIS TRABALHOS (oportunidades) que necessitem de suas habilidades preferidas ou do seu campo de conhecimento favorito.

Se você sabe responder a estas três perguntas, parabéns, você já sabe nadar, se não, trate de aprender, caso contrário...

***Sugestão para leitura*:**

BOLLES, Richard. *De que cor é o seu pára-quedas?* 1996

"O caráter não é herdado. A pessoa o desenvolve diariamente, conforme pensa e age, pensamento por pensamento, ato por ato."

Helen Gahagan Douglas (1900-1980)
Atriz, cantora de ópera e escritora

PROCURA-SE UMA ALMA

"Próxima à sobrevivência física, a maior necessidade de um ser humano é a sobrevivência psicológica – ser compreendido, afirmado, valorizado e reconhecido."

Stephen R. Covey
Autor de The 7 Habits of Highly Effective People

Gostei de uma parábola intitulada A *Alma Perdida*, escrita por Jan Abbott. Conta a história de um vice-presidente a procura de sua alma perdida. Num dia em que ele demitiu um empregado, ouviu-o dizer:

– Tomara que, algum dia, o senhor reencontre sua alma.

Em seguida, o empregado levantou-se e foi embora.

O vice-presidente pensou com seus botões:

– Que palavras estranhas! Mas, pensando bem, não vejo minha alma já há algum tempo. Bem, quando se perdia alguma coisa ali, o vice-presidente sempre comunicava o fato à seção de achados e perdidos, de modo que ligou para lá e perguntou:

– Vocês viram a minha alma?

A secretária respondeu:

– Nós não trabalhamos com almas. O especialista em almas perdidas é o chefe de segurança.

Ao entrar em contato com o Chefe de Segurança, o homem disse:

– Isto é um problema sério. Por que não desce aqui para a gente conversar? Chegando ao escritório do Chefe de Segurança, a primeira pergunta que ouviu foi:

– Lembra-se quando usou sua alma pela última vez?

O vice-presidente respondeu:

– Não, é aí que está meu problema.

Na discussão que se seguiu, o vice-presidente empertigou-se subitamente e disse:

– Talvez eu a tenha deixado na sala do presidente.

– Eu sabia! O senhor ficaria surpreso se soubesse a freqüência com que isso acontece. Sou especialista em recuperação de almas e diria que isto é uma das coisas mais comuns que acontecem com elas. Por que não vamos até à sala do chefão e lhe perguntamos se não a viu?

Chegando à sala do chefão, o Chefe de Segurança disse ao presidente:

– Temos um problema sério. O vice-presidente perdeu a sua alma. O senhor por acaso a viu?

O presidente explodiu:

– Por que cargas d'água eu quereria uma alma? É totalmente indesejável nos negócios. Almas atrapalham o raciocínio claro. Amolecem as pessoas. Precisamos aqui de gerentes pragmáticos. A concorrência é dura demais para as almas. Levei um tempão para me livrar da minha. Para ser franco – disse ele ao vice-presidente – eu não sabia que você tinha uma. Se fosse você, não me preocuparia por tê-la perdido. Está indo muito bem sem ela, exatamente o tipo de administrador que aprecio. E por falar nisso – continuou o presidente, dirigindo-se ao vice-presidente – como está indo aquele relatório para os acionistas? Certifique-se que os números batem, certo? Não queremos confundi-los.

Quando os dois deixaram a sala, o Chefe da Segurança virou-se para o vice-presidente e disse:

– Ainda quer achar a sua alma? Tive a impressão de que as almas não são muito apreciadas por aqui.

O outro respondeu:

– Quero mais do que nunca. Tem alguma sugestão?

O Chefe de Segurança tinha:

– Para encontrá-la, temos que descobrir quando a usou pela última vez.

Por que não envia um e-mail perguntando se alguém viu recentemente sua alma em ação?

O vice-presidente protestou:

– Ei, espere um pouco. Não quero espalhar por aí que não tenho alma!

O outro se espantou:

– Por que não? O presidente nem mesmo sabia que o senhor a possuía.

O Chefe de Segurança enviou então um e-mail no primeiro turno do dia, nenhuma resposta. O vice-presidente ficou desapontado. No segundo turno, um empregado apresentou-se finalmente e declarou ter visto a alma do vice-presidente em ação.

– No ano passado, o senhor me parou de maneira espontânea e perguntou como estava a minha família e me ouviu com atenção, não pôde resolver os meus problemas, mas me ouviu.

Depois que o homem foi embora, o Chefe de Segurança comentou.

– Isso foi ótimo. Empatia e afetividade são uma ótima maneira para iniciar qualquer programa de recuperação de alma.

O vice-presidente finalmente teve sua alma de volta. Ao agradecer ao Chefe de Segurança, disse:

– Não acho que o presidente vai ficar satisfeito com o meu relatório. Agora que recuperei minha alma, vou ser bastante transparente, não vou mexer nos números. E eles não são nada bons neste trimestre, os acionistas não vão se sentir felizes.

Essa história dá o que pensar. O motivo porque gosto dela é que, de maneira muito simples, diz muita coisa. Em resumo, a conduta, o comprometimento significa alma... O lugar onde você guarda seus valores, seu propósito na vida, incluindo a imagem do tipo de pessoa que você quer ser. Sem a sua alma, você nada tem que o oriente. Numa empresa, a alma deve ser representada por sua alta administração e por suas esperanças, suas visões e seus objetivos.

Sugestão para leitura:

GOOD, Sharon. *Administrando com o coração*. Rio de Janeiro: Ediouro, 1996.

"O que você deveria estar fazendo da sua vida se fizesse o que é esperado de você?"

Barbara Sher

POR QUE VOCÊ ESTÁ FAZENDO ISSO?

"Se alguém avançar confiantemente na direção de seus sonhos e se esforçar para levar a vida que imaginou, experimentará um sucesso inesperado em momentos comuns."

Henry David Thoreau (1817-1862)
Ensaísta americano

Você começa e interrompe grandes projetos de uma hora para outra? Fica empolgado no início de uma grande empreitada mas desiste quando as coisas ficam difíceis ou fica entediado? Já tentou várias carreiras mas ainda não encontrou um emprego que o fizesse feliz? Seus pais ou amigos dizem (de modos diretos ou indiretos) que acham que você deveria "fazer algo em sua vida"? Você toma decisões importantes sem pensar nas conseqüências? Chegou a um ponto em sua vida em que precisa decidir seu futuro, mas está inseguro a respeito do que fazer? Você ama o seu atual trabalho? Sente-se tão feliz na manhã de segunda quanto na de sexta-feira? Tem relacionamentos profissionais que considera gratificantes, amigos com quem trabalha e se encontra para se divertir? Ganha tanto quanto desejaria? Admira seu chefe e a filosofia de sua empresa? Volta para casa, à noite, com uma sensação agradável de realização, ansioso por um novo dia de desafios, atividades diversificadas e muito estimulantes? Identifica-se com o produto ou o serviço oferecido por sua empresa? Gosta do seu próprio negócio? E a sua vida pessoal... está indo bem?

Não sei o que você respondeu, mas repetirei o que digo aos meus alunos dos seminários: o EMPREGO ou a ATIVIDADE REMUNERADA tem como objetivo identificar as suas habilidades e um lugar ideal no mercado de trabalho. Você pode amar o que faz. É possível ter uma vida cheia de aventura e satisfação. Existem inúmeras escolhas e oportunidades.

Na verdade, você não teria tempo suficiente para realizar tudo o que poderia fazer, mesmo se utilizasse sua vida inteira, portanto, a fim de realmente conseguir o que deseja, precisamos começar com você. Em primeiro lugar, é preciso se conhecer a fundo, descobrir em que pontos você é único e diferente de todos os demais, onde residem suas forças e quais atividades realiza com facilidade, sem despender grandes esforços. Talvez seja necessário procurar uma escola para aprender as aplicações técnicas desse seu talento natural, mas não será preciso mudar drasticamente, desistir de tudo e ser despedido para atingir os resultados que deseja.

Faça um inventário de suas habilidades. Em outras palavras, esteja atento aos seus pontos fortes. Quando você ensina, as pessoas ouvem? Quando lidera, as pessoas seguem? Quando administra, há desenvolvimento? Onde você é mais produtivo? Identifique seus pontos fortes, e então – se você os julgar importantes – aperfeiçoe-os. Tire do fogo alguns ferros em brasa e com eles aqueça outros. A falha de não estarmos focalizados em nossos pontos fortes poderá nos impedir de realizar tarefas gratificantes e que só nós podemos fazer.

Pense nas pessoas com poder extraordinário e verá habilidade. Um ginasta olímpico rodopia, acima das barras paralelas, cada músculo em perfeito sincronismo. Assistimos espantados. Como é que ele faz isso? Suas acrobacias estão qualitativamente distantes do que nossos próprios corpos podem fazer.

Ouvimos uma cantora expressar emoção em tons tão cheios e ricos que pensamos que nossos ouvidos explodirão. Como é que ela faz isso? Suas cordas vocais, de alguma forma, deram um salto tremendo acima das nossas.

Ouvimos um poeta ler seus versos. Ele revela uma profundidade de significado que jamais consideramos possível em tão poucas palavras. O todo se encaixa com muita inventividade. Como é que ele faz isso? De alguma forma, sua habilidade com a linguagem cresceu qualitativamente muito além da nossa.

Isso é poder. É habilidade. Seres humanos especialmente dotados que dedicam tempo de estudo e prática e atingem habilidades extraordinárias usam as palavras como verdadeiros gênios.

Não somos capazes de atender todas as necessidades e superar todas as expectativas. Não somos capazes de agradar todas as pessoas no mundo. Não somos capazes de atender a cada pedido. Porém, alguns de nós tentam. E, ao final, ficamos infelizes e frustrados. Tenha uma estimativa saudável de suas habilidades, apegue-se a elas e ouvirá em um curto espaço de tempo:

"Ele é muito bom nisso. É um gênio".

Sugestão para leitura:

GEGAX, Tom. *Como vencer no jogo da vida*. São Paulo: Cultrix, 2001.

"Uma idéia não é nada mais,
nada menos que uma combinação
nova de elementos velhos."

James Webb Young

LIBERTANDO-SE

"O homem pode viver sem ar por alguns minutos,
sem água por mais ou menos duas semanas,
sem comida durante cerca de dois meses
– e sem um pensamento novo por anos a fio."

Kent Ruth

"Um murro no pé do ouvido" A *Whack on The Side of The Head* é um livro que trata de como romper a inércia e libertar sua mente, abrindo-a para o pensamento positivo. Enquanto eu o lia, percebi novamente como é fácil a pessoa viver os seus dias com a mente enjaulada. O resultado disso é a criatividade esmagada e a objetividade, espremida. A tragédia real é o tédio. Ficamos parecidos com robôs: pensamos o que era esperado que pensássemos, fazemos o previsível, perdemos a alegria das novas descobertas. Quando adotamos uma perspectiva criativa, como salienta o autor Roger Von Oech, abrimo-nos para novas possibilidades e mudanças. Entretanto, tudo isso requer que pensemos fora das prisões dos limites comuns.

Johannes Gutemberg é exemplo soberbo. Que é que ele fez? Simplesmente combinou duas idéias que anteriormente jamais haviam sido relacionadas entre si e fez uma inovação. Recusou-se a limitar seus pensamentos aos propósitos únicos do lagar da vinha, ou ao uso solitário da cunhagem de moedas. Um dia, ele animou um pensamento que jamais passara pela cabeça de outrem: "que tal se eu pegar um punhado de cunhadores de moedas e colocá-las sob a força de uma prensa de lagar, de modo que os cunhadores imprimam suas imagens no papel, em vez de metal?" A imprensa foi concebida nesse útero.

Enfrentamos a dura realidade: a maioria das pessoas assumem atitudes que agarram os pensamentos e os trancafiam na penitenciária do *status quo*. Guardas carrancudos chamados medo, perfeccionismo, preguiça e tradicionalismo, mantêm vigilância constante, a fim de evitar a fuga. Contraí uma dívida para com Von Oech quando li no seu livro esta lista de dez "cadeados mentais" que nos mantêm prisioneiros:

1. Esta é a resposta certa

2. Isso não tem lógica

3. Siga as regras

4. Seja prático

5. Evite a ambigüidade

6. É errado cometer erros

7. Brincar é frivolidade

8. Não é da minha área

9. Não seja tolo

10. Não tenho criatividade

Cada um desses "cadeados mentais" são nocivos ao pensamento inovador, visto que o ouvimos (e pronunciamos) tantas vezes. Eles se tornam duros como concreto. Nada, senão um bom cascudo no cocuruto, "um murro no pé do ouvido" ou como sutilmente o livro foi traduzido no Brasil: *Um Toque na Cuca*, consegue desalojar as pressuposições que nos mantêm pensando em termos de "a mesma canção, a quarta estrofe outra vez."

O que é verdade mental também é verdade real. Nossos pensamentos e expectativas se tornam tão determinados pelo previsível, que não conseguimos enxergar além das muralhas. Na verdade, não apenas lutamos contra as inovações, mas nutrimos ressentimentos contra quem as sugere.

Quer exemplo? Acho que não precisa, não é?

Sugestão para leitura:

OECH, Roger Von. *Um toque na cuca*.
São Paulo: Cultura, 1988.

"É noite, tudo se sabe..."

Slogan de um programa noturno de rádio

O TURNO DA NOITE

"... Aquele que te guarda não dorme."

Salmos, 121-36

No momento em que escrevo este texto, o relógio marca 1h05, é madrugada e chove muito. Uma pergunta assalta meu pensamento: há muitas pessoas acordadas neste momento? A resposta veio imediatamente: o turno da noite.

Você já trabalhou no turno da noite? É um pouco estranho. É levantar no fim do dia e ir para a cama ao nascer do sol. É tomar café com leite, quando a maioria das pessoas está sentada comendo feijão com arroz. É um mundo diferente do turno do dia.

Na cidade, o trânsito diminui, o ar fica mais frio, e os compradores retardatários somem gradualmente na escuridão. Fora da cidade, na periferia, a vizinhança fica mais silenciosa, as calçadas vazias. Você pode ouvir um cão a seis quarteirões de distância latindo para o que quer que os amole à noite.

A maioria das janelas fica às escuras. A maioria dos carros está na garagem. A maioria das pessoas já dorme. Mas, nem todos. Não os do turno da noite.

No terceiro andar de um hospital, uma enfermeira caminha em direção a uma unidade de tratamento intensivo, seus sapatos macios de couro quase não fazem barulho, enquanto se movimenta de leito em leito. Seus olhos experientes observam os monitores, gráficos, frascos de soro, luzes pulsantes e os rostos abatidos dos homens e mulheres sedados.

Um padeiro na cozinha de uma padaria coloca uma bandeja de bolinhos no forno, depois espalha chocolate granulado sobre uma dúzia de sonhos para seus fregueses habituais. Ele cantarola, acompanhando a música do rádio, enquanto que um calor delicioso e perfumado enche a pequena cozinha em que trabalha.

Sob a luz forte e artificial das lâmpadas de vapor de mercúrio, uma turma de operários se apressa em fazer reparos em uma das principais vias de acesso ao centro da cidade. Em breve, a primeira leva de trabalhadores habituais vai passar velozmente por ali, sem um pensamento sequer para os que labutaram a noite inteira, a fim de possibilitar maior agilidade no tráfego.

Um homem com barba por fazer, vestido de roupão num quarto, verifica a água num vaporizador e depois se curva sobre o berço para ouvir novamente o respirar ofegante de seu filhinho de nove meses. No quarto ao lado, a mulher esgotada entra num sono atrasado enquanto o pai faz o seu turno da noite.

Um jovem soldado, num posto de escuta no perímetro de sua atuação, treme de frio na escuridão úmida. Ele usa um rifle automático de um braço e esfrega com a mão as pálpebras pesadas. Cochilar está fora de questão.

A 42 mil pés de altura sobre o mar enluarado, o piloto de um jato vira duas chaves, murmura uma afirmativa para um controlador de tráfego aéreo distante, puxa uma alavanca e guia sua aeronave de modo a fugir de uma área de turbulência que está se formando no horizonte. Enquanto trezentos e cinqüenta e oito vidas dormem na semi-escuridão às suas costas, ele observa as estrelas, o oceano negro e prateado lá embaixo, e aceita com gratidão a xícara de café quente das mãos da comissária.

Muito antes do dia nascer, uma mãe insone levanta da cama e cai de joelhos no tapete. No silêncio pesado, ela murmura uma prece por uma filha numa cidade distante.

Neste mesmo instante, em outro lugar, uma filha dedicada segura a mão de sua mãe doente que teve uma recaída e tenta, desesperadamente, confortá-la.

É o turno da noite.

É um policial numa ronda, percorrendo as ruas escuras varridas pela chuva numa tempestade. É uma turma do corpo de bombeiros com o equipamento pronto esperando o telefone tocar. É um *disc-jockey* de uma estação FM, apertando botões, mesclando CD´s, e lendo a previsão do tempo do dia seguinte para uma audiência invisível, espalhada cidade afora, esperando para ouvir uma voz amiga à noite.

É um grupo de trabalhadores comprometidos produzindo em uma indústria de autopeças as necessidades dos clientes do dia seguinte.

É possível que muitos de nós não pense muito nesses homens e mulheres que trabalham enquanto dormimos. Podemos tomá-los como certos, mas eles estão em seus postos, do mesmo jeito. Eles marcam o ponto quando chegam e quando vão embora. Seus olhos estão abertos e alertas enquanto os nossos se fecham. Eles estão colocando as roupas de trabalho enquanto vestimos o pijama. Estão em algum lugar "lá fora", nas noites do mundo. E, nós, precisamos e dependemos deles mais do que pensamos.

A eles o nosso respeito e gratidão.

Bom dia. Durma bem!

Sugestão para leitura:

MEHL, Ron. *Deus trabalha no turno da noite*.
Multinomah Books, 1994.

Conheça outros títulos do autor:

INSIGHT vol 1

FÊNIX

RENASCENDO DAS CINZAS

DVS EDITORA

Acesse nossos títulos no site:
www.dvseditora.com.br